IRLAND

FASZINATION ERDE

Grüne Wiesen und sanfte Hügel, verwunschene Seen- und Moorlandschaften, grandiose Felsenküsten, einsame Cottages, lebhafte Städte, Musiker, Pubs und Guinness – Irland. Der Ballynahinch Lake in Connemara.

FASZINATION ERDE

IRLAND

An eine 40-tägige Buße, die sich Irlands Nationalheiliger St. Patrick am Gipfel des nach ihm benannten Croagh Patrick auferlegt haben soll, erinnert dort an jedem letzten Junisonntag eine Wallfahrt.

ZU DIESEM BUCH

»Irland ist, im Guten wie im Bösen, mit keinem anderen Himmelsstrich zu vergleichen; und kein Mensch kann seinen Rasen berühren oder seine Luft einatmen, ohne besser oder schlechter zu werden.« So urteilte der Schriftsteller und Nobelpreisträger George Bernard Shaw (1856–1950) in seinem Werk »John Bulls andere Insel« (1904) über seine irische Heimat.

Irland, die westliche der beiden großen Britischen Inseln, hat viele Namen. »Ireland« heißt sie offiziell im Englischen und im Irischen »Éire«. Das kräftige Grün der Wiesen und Bäume verlieh ihr den Beinamen »The Green Isle«. Manche vergleichen sie mit dem grünlichen Schimmern des Smaragds und nennen sie »Emerald Isle«. Dem gemäßigten und feuchten Klima verdankt die Insel ihr immergrünes Pflanzenkleid. Es sind die landschaftlichen Reize Irlands, die Reisende zuallererst begeistern. Harter Rand, weiche Mitte – so könnte man die geologischen Verhältnisse der Insel beschreiben, denn die Berge befinden sich im Osten und Westen, und eine felsige Küste umrahmt das tiefer liegende Innere, das teils aus saftig-grünem Weideland, teils aus Mooren und glitzernden Seen besteht. Von Donegal im Norden bis Kerry im Süden präsentiert sich eine spektakuläre Küste mit den höchsten Klippen Europas, unzähligen Buchten und Sandstränden, felsigen Landzungen und vorgelagerten, von Atlantikstürmen bedrängten Inseln. Dort suchten Mönche vor 1500 Jahren das entbehrungsreiche Leben am Rande der damals bekannten Welt. Irland ist reich an Zeugnissen der keltisch-irischen Vergangenheit, wie die kunstvollen Steinkreuze, das kostbare Book of Kells und die mächtigen Klosterbauten. Nicht weniger faszinierend sind der Mythenschatz und die traditionsreiche Musik der Iren. In einem der urgemütlichen Pubs kann man bei einem Glas Irish Whiskey oder Stout, dem legendären Schwarzbier, Geschichten und Liedern lauschen.

Mit diesem Band präsentieren wir Ihnen die Vielfalt der Grünen Insel. Der anschließende Atlasteil ermöglicht es, Orte und Sehenswürdigkeiten aufzufinden, und gibt darüber hinaus viele touristische Hinweise. Das abschließende Register, das Bildband- und Atlasseiten miteinander verknüpft, enthält zudem Internetadressen der wichtigsten Sehenswürdigkeiten zur weiteren Orientierung. Entdecken Sie den Zauber Irlands in seiner ganzen Vielschichtigkeit.

Wolfgang Kunth

Irland ist reich an grandiosen Naturschönheiten wie hier am Doulus Head auf der Halbinsel Iveragh (mit Blick auf Valentia Island), an kulturellen Sehenswürdigkeiten, Brauchtum und Tradition.

Irland ist in vier historisch gewachsene Provinzen aufgeteilt: Ulster vereint in sich den Reiz wie die Widersprüche der gesamten Insel. Das einst bitterarme Connacht bezaubert heute durch seine Berge und die Küste, Leinster durch die historisch interessanten Stätten. Und Munster bietet in einer Region viele Höhepunkte einer Irlandreise. Auf regionaler Ebene gibt es 32 Grafschaften (Counties). Zur Republik Irland gehören 26 Grafschaften, zu Nordirland sechs.

INHALTSVERZEICHNIS

Auf der unbewohnten Insel Devenish Island befinden sich beeindruckende Kirchen- und Klosterruinen aus dem 12.–15. Jahrhundert, ein 25 Meter hoher Rundturm sowie ein kleines Museum.

Spektakulär die Lage, dramatisch die Geschichte: Dunluce Castle, hoch über dem Meer erbaut, ist seit 1639 unbewohnt. Damals stürzte der gesamte Wirtschaftstrakt samt Dienern in die Fluten.

ULSTER

Die Region Ulster vereint in sich den Reiz, aber auch die Widersprüche der gesamten Insel. Ulster besteht aus neun Grafschaften, drei zur Republik und sechs zu Nordirland gehörig. Im Westen von Ulster, im Freistaat, liegt Donegal, eine raue Küstenlandschaft. Die nordirischen Grafschaften bieten dagegen einen lieblichen, an der Küste von Antrim und in den Mourne Mountains auch grandiosen Anblick. Seit dem Ende des bewaffneten Konflikts zwischen Katholiken und Protestanten blüht die Provinzhauptstadt Belfast wieder auf.

Weite und karge Moorlandschaften sind typisch für die Nordküste Donegals. Hier gedeihen nur bestimmte Pflanzen, etwa Heidekraut oder Grauheide. Charakteristisch sind auch die weißen, flockigen Büschel des Wollgrases.

Seit dem 16. Jahrhundert diente das auf drei Seiten vom Meer umspülte Doe Castle dem MacSweeney-Clan als Zufluchtsort. Die viergeschossige Burg war bis 1909 bewohnt, auf dem dazuhörigen Friedhof fanden bedeutende Familien ihre letzte Ruhe.

Nordküste von Donegal

Die Nordküste von Donegal ist noch immer ein dünn besiedelter, einsamer Landstrich. Dennoch schien sie ihren früheren Machthabern nicht abgelegen genug, um ausreichenden Schutz vor Feinden zu bieten: Dafür wurde im 16. Jahrhundert eine mächtige Festung erbaut, das Doe Castle an der Sheep-Haven-Bucht. Sicherer vor Angriff waren die berüchtigten Seeräuber von Tory Island, die jahrhundertelang den Schiffsverkehr in diesen Gewässern bedrohten. Nach schrecklichen Stürmen im Jahr 1974 stand das Inselleben vor dem Aus. Den Bemühungen eines Jesuitenpaters ist es zu verdanken, dass heute mehr als hundert Menschen auf dem vier Kilometer langen Eiland leben. Unter den vielen Landzungen des nördlichen Donegal gehört die Halbinsel Horn Head mit ihren 200 Meter hohen Felsen, auf denen Papageientaucher und Sturmvögel nisten, zu den schönsten.

Ganz an der Spitze der Fanad-Halbinsel zwischen Lough Swilly und Mulroy Bay ist ein großes weißes »Lighthouse« weithin zu sehen. Gebaut wurde dieser Leuchtturm bereits im Jahr 1812.

Bei diesem Anblick geraten nicht nur Romantiker ins Schwärmen: Abendstimmung über der Fanad Halbinsel mit ihrem Leuchtturm. Manche halten die Grafschaft Donegal sogar für die schönste von ganz Irland.

Leuchtturm von Fanad

Die landschaftlich abwechslungsreiche Halbinsel Fanad besitzt eine Küste mit verlockenden Sandstränden, etwa an der Ostseite bei Portsalon, einige Waldgebiete sowie sehenswerte Formationen wie den Arch of Doaghbeg, einen Felsbogen nördlich von Rathmullan. Auch die Lage des weithin sichtbaren Leuchtturms am Fanad Head ist spektakulär. Was auf den ersten Blick so romantisch aussieht, ist es allerdings schon lange nicht mehr. Heute werden die meisten Leuchtfeuer nicht mehr von Leuchtturmwärtern gesteuert, sondern elektronisch. Im nahe gelegenen Karmeliterkloster zu Rathmullan spielte sich im Jahr 1607 eine Szene ab, die zu einem Wendepunkt der irischen Geschichte werden sollte. Die Flucht der Grafen O'Neill und O'Donnel vor der Übermacht englischer Armeen machte den Weg frei für die Besiedlung Nordirlands durch Protestanten aus Schottland.

Der Nationalpark Glenveagh mit dem gleichnamigen Schloss ist einer der Höhepunkte Donegals. Im Schlosspark gedeihen sogar exotische Holzarten und mediterrane Pflanzen.

Im Zentrum des Glenveagh Nationalparks befindet sich der Mount Errigal, mit 750 Meter die höchste Erhebung der Region. Bei klarem Wetter kann man von seinem Gipfel bis nach Connacht sehen.

Mount Errigal und Nationalpark Glenveagh

Der lang gestreckte See Lough Beagh bildet den Mittelpunkt des Nationalparks Glenveagh. Heute wirkt diese Landschaft mit Blick auf den Mount Errigal idyllisch, doch der Nationalpark hat eine durchaus unrühmliche Vergangenheit. Ein Grundstückspekulant namens John George Adair kaufte ihn nämlich im 19. Jahrhundert und ließ die dort ansässigen Bauern vertreiben. Sie mussten ins Armenhaus oder nach Australien, da für Adair die Schafzucht profitabler war als ihre Mieten. Adair baute in den 1870er-Jahren ein prächtiges Schloss am Seeufer, seine Witwe ließ Gärten anlegen und siedelte Rotwild an. Im 20. Jahrhundert erwarb Henry P. McIlhenny, ein irischstämmiger Amerikaner, das Anwesen und erweiterte den Park. 1984 schenkte McIlhenny den Besitz schließlich dem irischen Staat, so dass Castle und Schlosspark inzwischen öffentlich zugängig sind.

Vom Horn Head hat man traumhafte Ausblicke bis zur Rosquill Halbinsel. Die Region ist dünn besiedelt und einsam, wie auch das Schiffswrack bei »The Rosses« vermuten lässt.

Die Halbinsel Fanad mit ihrer zerklüfteten Küste ist landschaftlich äußerst reizvoll. Weiter westlich liegt das Bloody Foreland Head mit einsamen Gehöften und Cottages.

Westküste von Donegal

So sehenswert die Westküste von Donegal mit ihren Klippen und Sandstränden, so unfruchtbar der Landstrich dahinter. Zwischen Ginster und Heidekraut grasen Schafe und liefern die Wolle für den beständigen Tweed-Stoff. Die nahe gelegene Stadt Ardara bildet denn auch ein wichtiges Zentrum der irischen Tweed-Industrie. Noch unwirtlicher sind »The Rosses«, ein von Granitfelsen geprägtes Gebiet nördlich von Ardara, das der Schriftsteller Flann O'Brian als »die karge und hungrige Landschaft« bezeichnete. Erst Ruheständler, die aus anderen Regionen in Donegals Westen kamen, brachten einen bescheidenen Wohlstand und bauten sich Häuser mit Meeresblick. Mehr Möwengeschrei als Menschenstimmen hört man auf der kleinen Insel Aranmore. Ihr Leuchtturm ist der älteste an der Westküste Donegals, bereits seit 1798 weist er Seefahrern den Weg.

Einsame Landschaft bei Glencolumbkille mit Resten einer frühen Kirche sowie Steinen aus vorchristlicher Zeit. Weiter in Richtung Donegal liegen die Klippen von Slieve League und der Fischerort Killybegs.

Dramatisch wirkt die Küstenformation am abgeschiedenen Glen Head, in der Nähe von Glencolumbkille. Das Ende der Welt scheint hier wirklich nicht mehr weit entfernt zu sein …

Südküste von Donegal

Am Hang über dem kleinen Fischerhafen reihen sich die weißen Häuser des Städtchens Killybegs eng aneinander. Weiter westlich beeindrucken die spekatuklären grauen Steilklippen von Slieve League. Die Einsamkeit dieser Küste wählte im 6. Jahrhundert der heilige Columba (irisch Colmcille), der aus Donegal stammte und später in Schottland missionierte, zur Gründung eines Klosters. Alljährlich am 9. Juni, dem Festtag des Heiligen, findet in Glencolumbkille eine Bußprozession zu seinen Ehren statt. Von einsamen Hochmooren mit nur spärlicher Vegetation geht es in das fruchtbare Tal des River Murin. Glencolumbkille mit seinem schönen Sandstrand scheint am Ende der Welt zu liegen. Der Abgeschiedenheit dieser Küstenregion ist es auch zu verdanken, dass sie zu den so genannten Gaeltacht-Gebieten gehört, in denen noch heute die irische Sprache gepflegt wird.

Die Attraktionen der Halbinsel Inishowen auf einen Blick: die grandiose Landschaft mit steilen Felsformationen an der Küste, hier am Malin Head, weiten Tälern und Ebenen am Lough Swilly.

Der irische Name des Forts Grianan of Aileach bedeutet »Steinpalast der Sonne«. Die rätselhafte Anlage war bereits im 2. Jahrhundert n. Chr. dem Geografen Ptolemäus im fernen Alexandria bekannt.

Inishowen

Die Halbinsel Inishowen ist der nördlichste Punkt Irlands. Sie liegt zwischen dem engen Lough Swilly im Westen und dem breiten Lough Foyle im Osten. Eine Bergkette erhebt sich um den höchsten Punkt, den Slieve Snaght oder »Schneeberg«. Auf Inishowen gibt es neben einsamen Stränden auch zahlreiche Relikte aus vorgeschichtlicher Zeit. Berühmt ist das Fort Grianan of Aileach, das möglicherweise in vorkeltischer Zeit als Sonnentempel diente. Der Erdwall wurde vor etwa 3700 Jahren gebaut, die Mauern aus Stein in geschichtlicher Zeit. Hier residierten die Könige von Ulster aus dem O'Neill-Clan. Im Jahre 1101 eroberte der König von Munster, Murtagh O'Brian, die Festung und ließ sie zerstören. Im 19. Jahrhundert wurden die Mauern restauriert. Vom Fort hat man einen schönen Blick über die leicht hügelige Landschaft und den Lough Swilly.

Lebhaft und quirlig ist der Badeort Portrush an der Causeway Coast. Er ist auf einer ins Meer hinausragenden Halbinsel erbaut.

Die feinsandigen Dünen bei Portrush laden zu Spaziergängen ein, bei denen man Ruhe und Natur jenseits des trubeligen Städtchens findet.

Portrush

Die Hafenstadt Portrush gibt sich als typisch britischer Badeort. Hübsche Gasthäuser aus viktorianischer Zeit bieten »Bed and Breakfast« an, lange feinkörnige Sandstrände laden zum Familienurlaub ein. In der auf einer Halbinsel gebauten Stadtmitte ist in der Sommersaison lebhafter »Seaside«-Rummel geboten, wie ihn viele Gäste schätzen. Auch außerhalb der Saison schläft die Stadt nicht, denn zahlreiche Studenten der University of Ulster wohnen lieber am Meer als in der nahen, nicht sonderlich attraktiven Universitätsstadt Coleraine. Obwohl der Fischfang keine große wirtschaftliche Rolle mehr spielt, bildet der Hafen den Mittelpunkt des Ortes. Östlich von Portrush liegen die White Rocks, dramatisch verwitterte Felsen aus weichem Kalkstein mit einer langen Höhle, genannt »Cathedral Cave«. Auch Surfer schätzen diesen Küstenabschnitt.

Die stürmische Geschichte der Burg von Dunluce und des MacDonnell-Clans passt zur wildromantischen Klippenlandschaft rund um das Castle.

Dunluce Castle

Im 16. Jahrhundert war das auf einem Basaltfelsen errichtete Dunluce Castle Quartier des gefürchteten Sorley Boy MacDonnell. Er war Abkömmling der schottischen MacDonalds, die es auf Eroberungen in Irland abgesehen hatten. Mit Kanonen aus dem Wrack eines gestrandeten spanischen Kriegsschiffs verteidigte er seine Burg gegen die Streitmächte der Engländer. Viele der damals erbeuteten Schätze aus dem Wrack sind heute im Ulster Museum in Belfast zu sehen. Der Sohn von Sorley Boy versöhnte sich mit der englischen Krone und wurde Graf von Antrim. Die nächste Generation der MacDonnells zog freiwillig aus der Burg: Nicht nur durch den Verlust der Küche, die 1639 samt Personal ins Meer stürzte, wurde die Residenz ungemütlich, auch störte sich die damalige Lady MacDonnell am Lärm der Wellen. Die Familie zog nach Glenarm in ein komfortableres Schloss.

In Bushmills setzt man auf Handarbeit und Tradition: Die einzigen Zutaten sind – neben Hefe – irische Gerste und das Wasser des St. Columb's Rill. In riesigen Kupferkesseln wird der kostbare Whiskey destilliert. Die Old Bushmills Distillery beherbergt die Destillation, das Blenden und die Abfüllung der hauseigenen Whiskeysorten unter einem Dach. Selbstverständlich ist auch eine Kostprobe vor Ort möglich.

BUSHMILLS DISTILLERY

Eine kleine Stadt an der Nordküste von Antrim ist unter Whiskey-Freunden in aller Welt bekannt: Bushmills. Wie der Ort, so heißt auch das Getränk, das hier erzeugt wird. Seit 1608 wird in dieser ältesten lizenzierten Whiskey-Brennerei der Welt legal gebrannt. Selbstverständlich hat Uisce Beatha, das »Wasser des Lebens«, anglisiert Whiskey und in Irland mit »e« geschrieben, eine noch längere Tradition, die wahrscheinlich bis ins Mittelalter zurückreicht. Auf diesem Gebiet betrachten die Iren ihre schottischen Nachbarn als Neulinge. Auswanderer trugen den Ruhm von Bushmills nach Amerika, und im 19. Jahrhundert besaß das Unternehmen ein eigenes Segelschiff für den Export über den Atlantik. Die Brennerei gehört zu den wenigen in Irland, die die Zeit der Prohibition in den USA überstanden. In Bushmills finden alle Produktionsstufen in Gebäuden aus viktorianischer Zeit statt. Eine dreifache Destillation verleiht dem Whiskey einen geschmeidigen Charakter. Da das Malz über einem geschlossenen Feuer getrocknet wird, fehlt der torfige oder rauchige Geschmack, der manche Scotch Whiskys auszeichnet. Doch die Reifezeit in Eichenfässern, die vorher Sherry oder Portwein enthielten, sorgt für komplexe Aromen. Das Spitzenprodukt von Bushmills ruht 21 Jahre lang, bis es für die Abfüllung reif ist.

Seit 1986 gehört der Giant's Causeway zu den von der UNESCO als Weltnaturerbe bezeichneten Stätten. Die Formation von Steinsäulen vulkanischen Ursprungs gilt als bedeutendstes Naturwunder dieser Art weltweit.

Einige der auffallendsten Gesteinsformationen des spektakulären Giant's Causeway tragen sogar bildhafte Namen, etwa »Fuß des Riesen«, »Kamelrücken« oder »Wunschstuhl«.

Giant's Causeway

Der berühmte Giant's Causeway entstand vor 60 Millionen Jahren, als Vulkanausbrüche unter dem Meer Lava an die Oberfläche beförderten. Die Lava erstarrte zu etwa 37000 eckigen Säulen. Der Name »Damm des Riesen« erinnert an eine Legende, mit der man sich den Ursprung dieser Gesteinsformation erklärte. Der Riese Finn McCool soll den Damm gebaut haben, um trockenen Fußes nach Schottland zu gelangen. Dort gibt es auf der Insel Staffa ähnliche Formationen mit Lavasäulen. Nach unterschiedlichen Versionen hatte er sich in Schottland verliebt oder wollte einen schottischen Riesen erschlagen. Als er sah, dass der Schotte stärker war, kehrte Finn über den Damm zurück und ließ sich von seiner Frau als Säugling verkleiden. Der anrückende Schotte erschrak angesichts der Größe des Baby-Riesen, trat den Rückzug an und zerstörte den Damm.

Charakteristisch für die Antrim Coast sind felsige und oft steile Kalksteinküsten, an manchen Stellen, wie hier bei der Whitepark Bay, gibt es aber auch sandige Strandabschnitte mit Dünen.

Übertroffen wird eine Fahrt entlang der Antrim Coast Road nur durch eine Wanderung in den Glens of Antrim: Hier trifft man auf grandiose Naturschauspiele wie diese Wasserfälle.

Antrim Coast

Eindrucksvolle Berge prägen die Landschaft in weiten Teilen von Antrim. Dort, wo sie auf das Meer treffen, bilden sie eine felsige Küste. Der bedeutendste Ort der Nordostküste ist das hübsche Ballycastle mit seinem kleinen Hafen und Strand. Die Stadt ist für den ältesten irischen Jahrmarkt, der seit 1606 abgehalten wird, bekannt. Noch heute werden hier alljährlich Pferde und Schafe verkauft. Von Ballycastle aus geht es per Fähre zur bewohnten Insel Rathlin, die keine 20 Kilometer von der schottischen Westküste entfernt liegt und auf eine blutige Geschichte zurückblickt. Im Jahr 795 fand hier der erste Überfall der Wikinger auf Irland statt. Im 16. Jahrhundert metzelten englische Truppen die Frauen und Kinder des MacDonnell-Clans nieder; 1642 war es dann der schottische Campbell-Clan, der ein Blutbad unter den MacDonnells anrichtete.

Von der Blütezeit Belfasts vor 100 Jahren zeugen mehrere öffentliche Bauwerke, etwa die 1906 errichtete City Hall. Das Parlament Stormont wurde in den 1930er-Jahren erbaut.

Belfast hat eine recht junge Bevölkerung, was für ein ausgelassenes und abwechslungsreiches Nachtleben sorgt. Besonders kreativ und lebendig ist die Musikszene.

Belfast

30 Jahre lang sorgte die nordirische Hauptstadt Belfast für negative Schlagzeilen. Der bewaffnete Kampf der Irisch Republikanischen Armee für ein vereinigtes Irland und die Provokationen der durch katholische Wohngebiete marschierenden Loyalisten – Protestanten ursprünglich schottischer Abstammung, die der britischen Krone die Treue halten – prägten das Bild in den Medien. Doch seit Ende der 1990er-Jahre wird der Konflikt nicht mehr mit Bomben und Kugeln ausgetragen, und die Stadt atmet auf. Das wirtschaftliche Wachstum ist an vielen attraktiven Neubauten erkennbar, vor allem im Laganside-Viertel am Flussufer. Östlich der City befindet sich das Parlamentsgebäude Stormont. Die davor aufgestellte Statue stellt Edward Carson dar, der sich Anfang des 20. Jahrhunderts für den Verbleib von Ulster im Vereinigten Königreich einsetzte.

Der Innenraum des Crown Liquor Saloons ist ein dekoratives Feuerwerk aus verschiedenen Materialien: Kacheln mit farbigen Mustern, mit Brokat bezogene Wände, üppige Holzschnitzereien und eine Theke aus rotem Granit.

Der berühmte Belfaster Saloon ist Museum und Pub gleichermaßen: Durch einen Seiteneingang gelangt man ins Flannigan's, eine ruhigere Bar im ersten Stock, in der einige Exponate zur legendären Titanic ausgestellt sind.

CROWN LIQUOR SALOON

Selten wird eine Kneipe unter Denkmalschutz gestellt. Dank seiner Architektur und Innengestaltung aus viktorianischer Zeit hat der Crown Liquor Saloon in Belfast diese Ehre aber sicher verdient. Besitzer des Lokals ist der National Trust, eine ehrwürdige britische Institution, die vor allem für die Pflege von Herrenhäusern und Landschaftsgärten bekannt ist. Dieser eher konservative Verein ließ sich davon überzeugen, dass ein prächtiger »Gin Palace« genauso erhaltenswert wie der Sitz eines Herzogs sein kann. Der Crown Liquor Saloon geht auf das Jahr 1826 zurück und hieß damals Railway Tavern. Der Sohn des zweiten Besitzers studierte Architektur und verpasste dem Bauwerk in den 1880er- und 1890er-Jahren ein neues Gesicht. Diskrete Stimmung schaffen die Separées, in denen man unerkannt trinken kann, sowie die Gasbeleuchtung und die gravierten Fensterscheiben. Die hohe Qualität der Arbeit schreibt man italienischen Künstlern zu, die damals an irischen Kirchen beschäftigt waren. Während der »Troubles« – so werden die bewaffneten Konflikte des späten 20. Jahrhunderts genannt – überstand der Crown Liquor Saloon mit einigen Schäden Bombenattentate auf das gegenüberliegende Europa Hotel und profitiert nach der Restaurierung im Jahr 2004 vom Aufblühen des Belfaster Nachtlebens.

Wo sich grüne Ufer und der irische Himmel im Wasser spiegeln, erfüllt sich der Traum von Ruhe und Erholung: der Lower Lough Erne. Dieses Bedürfnis wird auch auf der Klosterinsel Devenish Island am Südende des Sees gestillt, zudem wartet sie mit wertvollen Kulturgütern auf.

Höchst interessant ist auch White Island, von Castle Archdale Marina erreichbar. Dort findet sich eine Kirchenruine aus dem 12. Jahrhundert mit einer ganzen Reihe von rätselhaften Steinfiguren. Sie sind sicher älter als die Kirche, doch ihr genaues Alter und ihre Bedeutung sind umstritten.

Devenish Island und Lower Lough Erne

In der Grafschaft Fermanagh windet sich der River Erne durch bewaldete Hügel und bildet zwei Seen, ein Paradies für Naturliebhaber, Angler und Segler. Der Upper Lough Erne ist ein Labyrinth aus seichten Buchten und kleinen, von Schilf versteckten Inseln; der Lower Lough Erne dagegen weitet sich aus und bietet wunderschöne Panoramen. An dieser natürlichen Wasserstraße, die Pilger zu einem Schrein des hl. Patrick in Donegal passierten, siedelten sich Mönche an. Das Kloster auf Devenish Island am Südende des Lower Lough Erne, eine Gründung des hl. Molaise im 6. Jahrhundert, beherbergte zu seiner Glanzzeit 1500 Novizen und war tausend Jahre lang bedeutendes Zentrum von Religion und Kultur. Unter den Ruinen, die über ein weites Gelände gestreut liegen, befindet sich ein geschnitztes Hochkreuz, das zu den schönsten Irlands zählt.

Der Schlosspark ist in unterschiedliche Bereiche aufgeteilt: Das Spektrum reicht von naturbelassener Landschaft bis zu kunstvoll angelegten Gärten. Beim Spaziergang zum Tempel der Winde öffnet sich ein schöner Blick auf Strangford Lough.

Auch die damalige Gartenarchitektur anderer europäischer Länder war Vorbild für die Stewart Gardens: So gibt es beispielsweise einen spanischen und einen italienischen Garten mit mediterraner, teils sogar tropischer Bepflanzung.

Stewart Gardens

Das Haus und die Gärten von Mount Stewart erinnern an die Zeit, als die anglo-irische Aristokratie das Leben der Insel beherrschte. Mount Stewart gehörte der Familie Londonderry, deren Mitglieder immer wieder eine bedeutende Rolle in der Politik spielten. Lord Castlereagh, Außenminister und Vertreter des Vereinigten Königreichs beim Wiener Kongress, ließ die prächtigen Stühle der Kongressdelegierten in den Familiensitz überführen.

Noch interessanter als das Haus mit seinen Möbeln und Gemälden sind allerdings die in den 1920er-Jahren von der Frau des siebten Marquis von Londonderry angelegten Gärten. Das weitläufige Gelände erwies sich als von der Natur begünstigt: Ein warmes, feuchtes, vom Golfstrom geprägtes Mikroklima schafft hervorragende Wachstumsbedingungen, sodass Bäume schnell emporschießen und exotische Pflanzen gedeihen.

Barfußwanderungen über den sandigen Wattstrand – mit Blick auf die Silhouette der Mourne Mountains – und ein Besuch der Ruine von Dundrum Castle gehören zum Pflichtprogramm eines Besuchs in der Dundrum Bay.

Der Ursprung von Dundrum Castle ist umstritten: Möglicherweise wurde die Burg für den Kreuzritterorden der Templer angelegt. Jedenfalls galt das mächtige Dundrum Castle jahrhundertelang als nahezu uneinnehmbar.

Dundrum Bay und Dundrum Castle

Dundrum Bay ist eine hammerförmige Bucht, die sich bei Ebbe als Schlickwüste präsentiert. Der gleichnamige Ort, eine Hochburg der sich für die Union Nordirlands mit dem Vereinigten Königreich einsetzenden Loyalisten, wird überragt von der Ruine des Dundrum Castle, dessen Ursprünge im Dunkeln liegen: Die einen schreiben die Burg dem anglo-normannischen Eroberer John de Courcy zu, der gegen Ende des 12. Jahrhunderts weite Teile von Ulster und Donegal unter seine Gewalt brachte und den Bau für den Kreuzritterorden der Templer errichtet haben soll. Die anderen halten seinen Nachfolger de Lacy für ihren Urheber. Einstmals die sicherste Normannenfestung in Ulster, fiel die Festung im Jahr 1210 König Johann in die Hände – heute erhält der Staat deren nach der Sprenung durch Oliver Cromwells Truppen im Jahr 1652 gebliebenen Reste.

Im Seengebiet des Lough Corrib steht Ross Abbey, ein Franziskanerkloster aus dem 14. Jahrhundert. Die meisten der heute noch erhaltenen Teile stammen allerdings aus dem 16. Jahrhundert.

»Zur Hölle oder nach Connacht« soll der englische General Cromwell seinen Feinden angedroht haben, nachdem er dieses karge Land zwischen Shannon und Meer kennen gelernt hatte.

CONNACHT

Connacht war eines der ärmlichen Gebiete der Insel, in das die Iren im 17. Jahrhundert von den siegreichen Engländern zurückgedrängt wurden. Heute umfasst die Provinz Connacht einige der sehenswertesten Landschaften der Insel. Die Aran-Inseln, die schöne Küste und die Berge von Connemara, die lebhafte Stadt Galway und die mit dem Dichter William Butler Yeats verbundene Region um Sligo sind für viele Iren fast heilige Orte, die zu den Wurzeln ihrer Identität führen.

Der Nebel, der den Benbulbin häufig verhüllt, nährt den Volksglauben, dass der Gipfel die Schlafstätte der Feen ist. Irdischer geht es auf der Halbinsel Mullaghmore mit ihrem schönen Strand und Bootshafen zu.

Zu den Ruinen des Klosters auf Inishmurray Island gehören die berüchtigten Clocha Breaca: Gebetsteine, denen außerdem eine starke Wirkung beim Verfluchen von Feinden nachgesagt wird.

Sligo County

Die Hügel- und Seenlandschaft von Sligo mit ihrem üppigen Grün ist ist im Gegensatz zur Kargheit der benachbarten Grafschaften Mayo und Donegal wohltuend für das Auge. Der Berg Benbulbin, die höchste Erhebung der Region, ist trotz seiner bescheidenen Höhe von nur 527 Metern schon von weitem sichtbar. Mit einladenden Sandstränden wie bei Mullaghmore und mit guten Surfbedingungen, etwa im Westen bei Easky, ist die Küste von Sligo ein beliebtes Urlaubsziel. Einsamer war es hier vor 1400 Jahren, als St. Molaise auf der Insel Inishmurray ein Kloster gründete. Seit den 1950er-Jahren ist das Eiland nicht mehr bewohnt, wird aber dank seiner eindrucksvollen Klosterruine gerne besucht. Die gut erhaltene Anlage vermittelt einen plastischen Eindruck davon, wie dieses Kloster mit seiner drei bis vier Meter hohen Rundmauer ausgesehen haben mag.

Sligo ist die Hauptstadt der gleichnamigen Grafschaft und wichtigster Ort im Nordwesten Irlands. Dennoch wirkt die schmucke Stadt eher gemütlich, zumindest am Abend, wenn in den Straßen Ruhe eingekehrt ist. Tagsüber ist Sligo ein wichtiger Verkehrsknotenpunkt der Region.

Der Friedhof von Carrowmore ist mit seinen etwa 60 Gräbern die größte Ansammlung von Megalithgräbern in Irland. Ungeklärt ist bis heute der Ursprung des auffälligsten Grabes: Der Legende nach soll der Steinhaufen die letzte Ruhestätte der sagenhaften Königin Medb sein.

Sligo

Überall in Sligo – mit 20000 Einwohnern die größte Stadt im Nordwesten der Irischen Republik – spürt man die Präsenz des Dichters William Butler Yeats (1865–1939). Denn der in Sandymount bei Dublin geborene Literatur-Nobelpreisträger des Jahres 1923 verbrachte wichtige Abschnitte seines Lebens hier und ist auch in Drumcliff, wenige Kilometer nördlich von Sligo, begraben. Ein kurzer Spaziergang führt von der Stadtmitte zum bezaubernden Lough Gill, in dem die Insel Innisfree liegt. In seinem berühmtesten Gedicht schilderte Yeats den Traum des einfachen Lebens in einer Hütte auf dieser Insel. Sligo selbst verfügt nur über ein Bauwerk aus dem Mittelalter, die Abtei, aber rund um die Stadt gibt es Zeugnisse einer viel älteren Vergangenheit. Manche Steine auf dem Megalithenfriedhof von Carrowmore am Berg Knocknarea sind über 5000 Jahre alt.

An der Blacksod Bay, im Süden der Landenge, die die Halbinsel vom Festland trennt, ging im Jahr 1588 die legendäre Rata, die größte Galeone der »unbesiegbaren« spanischen Armada, unter. Vergänglichkeit ist auch das Thema auf dem alten Friedhof am Blacksod Point.

Die Halbinsel Mullet beeindruckt nicht nur durch ihre karge Landschaft, sie birgt auch zahlreiche Überreste aus vergangenen Zeiten: Megalithgräber, Ringwälle oder magische Steinkreise, die den Betrachter noch heute in ihren Bann ziehen.

Mullet

Die hohen Niederschlagsmengen sind ein Grund dafür, dass Mayo zu den weniger besuchten irischen Grafschaften zählt. Mayo war immer arm, und die Bodenverhältnisse auf dem Weg zur Halbinsel Mullet lassen den Grund dafür erkennen. Man fährt durch ödes Torfmoor und erreicht hinter Belmullet eine flache Landzunge mit spärlicher Vegetation. Rau ist hier die Atlantikküste, geschützter dagegen die Ostseite hin zur Blacksod Bay. Die wenigen Einwohner verteilen sich auf einzelne Gehöfte, die oft recht abgeschieden liegen. Städtisches Leben gibt es kaum. Auf Mullet findet man viele vorgeschichtliche Zeugnisse wie Megalithen und das Ringfort von Doonamo, aber der beeindruckendste Einblick in vergangene Zeiten offenbart sich einige Kilometer weiter östlich: Bei Belderrig befreien zur Zeit Archäologen ein jungsteinzeitliches Dorf von einer dicken Moorschicht.

Die Küstenstraße führt entlang rauer Felsstriche bis zur feinsandigen Keel Bay im Westen von den Achill Island. Zu den schönsten Küstenabschnitten gehört der drei Kilometer lange Strand von Keel, an den die sogenannten Cathedral Rocks grenzen.

Achill Island hat seit alters her Künstler inspiriert. Die Torfmoore und Heidelandschaften sorgen für besondere Farbverhältnisse, auch die an der Nordküste liegenden Überreste eines verlassenen Dorfes üben einen eigentümlichen Reiz aus.

Achill Island

Die größte irische Insel ist durch eine Brücke mit dem Festland verbunden. Bis ins 20. Jahrhundert verständigten sich die Bewohner von Achill Island fast nur auf Irisch, und die östliche Hälfte der Insel ist heute ein offizielles »Gaeltacht«-Gebiet, in dem die alte Sprache gepflegt wird. Im 16. Jahrhundert nutzte die Piratenkönigin Grace O'Malley die Abgeschiedenheit der Insel und errichtete eine Basis im Kildavnet Tower an der Ostküste. Die inspirierende Landschaft hat auch immer wieder Künstler angezogen. Der irische Maler Paul Henry kam 1910 für einen kurzen Aufenthalt und blieb neun Jahre lang. Der englische Schriftsteller Graham Greene soll den Roman »Das Herz aller Dinge« in einem Cottage in Dooagh fertig gestellt haben, und der deutsche Schriftsteller Heinrich Böll schilderte in seinem »Irischen Tagebuch« seine Eindrücke vom Leben auf Achill Island.

In der langgestreckten Bucht der Clew Bay ragt die Felsspitze Old Head inss Meer hinein. Von hier blickt man auf den Gipfel des Croagh Patrick im Südosten der jährlich Pilger auf den Spuren des Nationalheiligen anzieht.

Das Westport House beherbergte in früheren Zeiten auch bedeutende Schriftsteller: Thomas de Quincey, Autor der »Bekenntnisse eines englischen Opiumessers«, sowie William Thackeray lebten zeitweise hier.

Clew Bay

Vor einem unwirtlichen Hinterland präsentiert sich die Stadt Westport durchaus urban. Häuser im georgianischen Stil, ein Platz mit Markthalle und Rathaus verraten den Ursprung der im 18. Jahrhundert angelegten »Plantation«-Stadt. Bereits Anfang des 19. Jahrhunderts war es mit der Blüte vorbei, da die Textilfabriken im neu industrialisierten Nordengland die Erzeugnisse irischer Webstühle vom Markt fegten. Westlich der Stadt liegt in einem Park am Ufer der Clew Bay einer der elegantesten Herrensitze Irlands, das 1732 erbaute Westport House. Es ist der Familiensitz von Lord Altamont, dessen Familie stolz auf das in ihrem Besitz befindliche Gemälde von Rubens »Die heilige Familie« ist, aber auch auf die wilde Seite ihres Stammbaums: Das heutige Familienoberhaupt ist in der 13. Generation Nachfahre der Piratenkönigin Grace O'Malley.

Die noch bis heute in der Kylemore Abbey lebenden Benediktinerinnen kamen ursprünglich bereits im Jahr 1682 aus dem belgischen Yps nach Irland, wo ihr Orden 17 Jahre zuvor, 1665, gegründet worden war.

Überwältigend schön bettet sich der Kylemore Lake zwischen die angrenzenden Berge. An seinem Ufer erhebt sich der einem Märchenschloss erinnernde Herrensitz, der später zu einem Kloster umgewandelt wurde.

Kylemore Abbey

Gegen Ende des 19. Jahrhunderts ließ der reiche englische Geschäftsmann Mitchell Henry, nachdem er die Flitterwochen mit seiner Frau Margaret in Connemara verbracht hatte, am Ufer des Kylemore Lake einen schlossartigen Herrensitz aus grauem Granit erbauen. 1881 fügte man eine kleine neogotische Kirche hinzu, 1920 erwarben Benediktinerinnen die Liegenschaft und wandelten sie zu einem Kloster mit angeschlossenem Internat um. Nachdem ein Feuer Anfang der 1950er-Jahre Teile des Schlosses zerstört hatte, ließ der Orden es aufwendig restaurieren. Ebenfalls wiederhergestellt wurde die Gartenanlage der Henrys im viktorianischen Stil, die sich aus einem Blumengarten und einem Garten mit Küchenkräutern zusammensetzt und ebenso zugänglich ist wie Teile des Klosters.

Der Connemara Nationalpark wurde im Jahr 1980 gegründet, um diese einzigartige Heide- und Moorlandschaft in ihrem naturbelassenen Zustand zu erhalten. Markierte Wanderwege machen den Park für Besucher zugänglich.

Zum Nationalpark gehören auch die nördlichen Gipfel der Twelve Bens. Der höchste der zwölf Kegel ist mit 718 Meter der Benbaun, die anderen sind etwas niedriger. Früher waren die unteren Partien besiedelt, wovon noch einige verfallene Ruinen zeugen.

Connemara Nationalpark

Connemara im Westen der Grafschaft Galway ist eine Landschaft von fast mythischer Schönheit. Zwischen zwei Bergketten, den Twelve Bens und Maam Turks, breiten sich Torfmoore aus, auf drei Seiten von einer filigran eingebuchteten Küste mit unzähligen Inselchen eingerahmt. Zum Schutz der für Westirland typischen Natur erklärte man einen 20 Quadratkilometer großen Landstreifen an den nordwestlichen Hängen der Twelve Bens zum Connemara Nationalpark. So wohltuend diese dünn besiedelte Region auf gestresste Stadtmenschen wirkt, so armselig war die Existenz der Bewohner von Connemara in vergangenen Jahrhunderten. Den Kampf, sich von kargen Böden zu ernähren, gaben viele nach den Hungersnöten der 1840er-Jahre auf, als die Kartoffelfäule ihnen die Nahrungsgrundlage entzog. Ein großer Teil der Bevölkerung fand den Weg nach Amerika.

Connemara ist noch heute eine der ursprünglichsten, kärgsten und wildesten Regionen Irlands. Im Westen grenzt es an den Atlantik, so dass die Menschen ein bescheidenes Einkommen als Fischer finden. Zahlreiche Seen durchziehen das einsame und dünn besiedelte Land.

Inishbofin ist eine der kleinen Inseln, die der stark zerklüfteten Küste beim Horn Head vorgelagert sind. Schöne Sandstrände und reizvolle Klippenpartien, aber auch einige sehenswerte Bauwerke wie die Burg von Cromwell machen die Insel zu einem attraktiven Ausflugsziel.

Westküste von Connemara

Frische Atlantikluft und eine herrliche Lage oberhalb der Mündung des River Owenglin vor der Kulisse der Twelve Bens-Berge machen die Stadt Clifden zum beliebtesten Ort an der Westküste von Connemara. Abends belebt Live-Musik in den Pubs diese größte Siedlung im westlichen Galway, und jährlich im August kommt man von nah und fern zur beliebten Connemara Pony Show. Diese kleinen und zähen Pferde sind eine Kreuzung einheimischer Ponys mit Araberpferden aus Andalusien. Die keltische Kultur konnte sich hier lange Zeit behaupten, da keine Eindringlinge die unfruchtbaren Böden begehrten. Erst Oliver Cromwell kam im 17. Jahrhundert, allerdings nicht aus wirtschaftlichen Gründen: Er trieb seine Gegner in den Westen von Connemara und auf die nahe Insel Inishbofin. Die Burg Cromwells steht noch heute auf der kleinen Insel mit nur 200 Bewohnern.

Connemaras Landschaft kann mit vielfältigen Farbimpressionen aufwarten: von scharlachroter und brauner Heide am Killary Harbour bis zum satten Grün üppiger Farne am Derryclare Lough und dem Grau der zerklüfteten Felsen bei Maam Cross.

Die Hauptstadt Connemaras, Clifden, ist eine kleine, lebhafte Marktstadt und dank des nahen Strandes und der schönen Umgebung ein beliebtes Reiseziel. Gerne besucht wird auch das nahe gelegene, verlassene Clifden Castle.

Hinterland von Clifden

Moore, unwirtliche Berge und Seen beherrschen das Bild, sobald man sich in Connemara von der Küste entfernt. Bis auf den Brennstoff Torf und Schafswolle gibt das von Granitbrocken übersäte Land nicht viel her. Erst am zweitgrößten Binnensee Irlands, dem Lough Corrib, findet man sich in grüner Landschaft wieder. Angler fangen hier Lachs und Forelle, Ausflügler fahren zur unbewohnten Insel Inchagoill mit ihren zwei Kirchenruinen.

Nach dem Zusammenbruch der keltischen Clan-Herrschaft kaufte die Martin-Familie aus Galway Grundstücke im Hinterland von Clifden. Vor 200 Jahren nutzte der exzentrische »Humanity Dick« Martin die Burg auf einer Insel im See Lough Ballynahinch als Gefängnis für Bauern, die wegen Tierquälerei seine Wut erregten. Die Martins verloren jedoch wie viele andere in den Hungerjahren des 19. Jahrhunderts ihren Besitz.

Stark zerklüftet und zerfasert ist die Südküste Connemaras, eine feuchte Steinwüste mit unendlich vielen Seen, die scheinbar nahtlos in das mit Inselchen gesprenkelte Meer übergehen: im Bild die Felsküste bei Glinsk und am Lettergesh Beach.

Eine dieser kleinen Inseln, die tatsächlich aber nur Halbinseln sind, ist das abgelegene Lettermullen ganz im Süden und gegenüber den Aran Islands gelegen. Vor allem in der Nebensaison ist hier Einsamkeit garantiert.

Südküste von Connemara

Die Abgeschiedenheit der Südküste von Connemara wählte Padraig Pearse, Schriftsteller und einer der Märtyrer des republikanischen Aufstandes von 1916, für seinen Sommersitz. Zu dem Haus im winzigen Ort Rosmuck, der von oft menschenleeren Sandstränden umgeben ist, pilgern viele patriotische Iren. Dog's Bay und Gurteen Beach, zwei weiter westlich gelegene Strände nahe Roundstone, sind für ihr klares Wasser und ihren weißen Sand bekannt. Der Sand enthält keinen Quarz, sondern stammt von Muschelkalk. Die Fischer von Roundstone fangen Hummer, Krebse und Makrelen, verdienen aber auch durch Fahrten mit Hochseeanglern, die ihre Kräfte mit Tunfischen und Haien der Atlantikgewässer messen möchten. Hinter dem Fischerort erhebt sich der Hügel Errisberg. Von dort bietet sich ein traumhafter Blick auf die Küste und Moorlandschaft von Connemara.

Die 1965 geweihte, vor Ort »Galway Cathedral« genannte Kathedrale heißt offiziell »Cathedral of Our Lady Assumed into Heaven and St. Nicholas« und ist eine der größten Kirchen Irlands. Die imposante Kuppel des Vierungsturms ragt rund 45 Meter in die Höhe.

Vom Hafen in Galway verkehren regelmäßig Fährschiffe zu den nahe gelegenen Aran-Islands – allerdings nur bei entsprechendem Wasserstand. Bis dahin vertreibt man sich die Wartezeit vielleicht in einem der zahlreichen Pubs …

Galway

Die größte Stadt des irischen Westens liegt am Nordostende der Bucht von Galway, wo der River Corrib in den Atlantik mündet. Die Hauptstadt der gleichnamigen Grafschaft ist Bischofssitz sowie Sitz einer zur National University of Ireland gehörenden Universität; etwa ein Viertel der rund 72 000 Einwohner sind Studenten, die meisten Vorlesungen werden auf Gälisch gehalten. Wegen seines geschützten Hafens in der Bucht wurde der Ort schon frühzeitig besiedelt. Im Jahr 1270 umgaben die Anglo-Normannen, nachdem sie den zuvor hier ansässigen Clan der O'Flaherty's vertrieben hatten, den Ort erstmals mit einer Mauer. Später erlebte die Hafenstadt durch den Handel mit Spanien und Frankreich eine erste Blüte. Zu den führenden Familien gehörten damals die Lynchs, deren ursprünglich im 14. Jahrhundert errichtetes Stadtpalais heute eine Bankfiliale beherbergt.

Typisch für die Aran-Islands sind ihre großartigen Steinforts, Befestigungsanlagen aus prähistorischer Zeit. Das mächtigste Fort wurde auf der Insel Inishmor angelegt, aber auch auf Inishmaan beeindruckt das riesige Dún Fearbhai, auch Dún Moher genannt.

Durch ihre isolierte Lage sind die Aran-Islands Hochburgen der gälischen Kultur, hier haben sich Traditionen erhalten, die andernorts längst untergegangen sind. Die Inselbewohner leben vornehmlich vom Tourismus und Fischfang.

Aran Islands

Die drei bewohnten Aran-Inseln wurden zum Inbegriff für das entbehrungsreiche, ursprüngliche Leben an der irischen Atlantikküste. Entdecker der Inseln für die Weltöffentlichkeit war in den 1890er-Jahren der Dramatiker John Millington Synge, der die Wiederbelebung keltischer Kultur befürwortete und das Dasein auf den Inseln beschrieb. Geologisch sind die Aran-Inseln eine Fortsetzung des Burren-Kalksteinplateaus. Sie scheinen nur aus Kalksteinplatten und einer Grasnarbe zu bestehen. Zahlreiche Zeugnisse der vor- und frühchristlichen Epochen zeigen, dass die Inseln stets ein Rückzugsgebiet waren. Die größte Insel, Inishmore, ist eine geneigte Kalksteinebene, auf der steinerne Mauern die Felder und Weiden vor Stürmen schützen. Auch auf dem felsigen, wenig erschlossenen Inishmaan sowie auf der kleinsten Insel, Inisheer, sind Relikte der frühen Zeit zu sehen.

Im Westen der Stadt Roscommon erheben sich die Ruinen des normannischen Castle, das 1269 für den königlichen Gerichtsherrn Roger d'Ufford erbaut wurde. Im 17. Jahrhundert zerstörten Cromwells Truppen die Burg, zurück ließen sie die Ecktürme sowie zwei Burgtore.

Felim O'Conor, der König von Connaught, ließ im 13. Jahrhundert die Boyle Abbey erbauen. Erhalten geblieben ist eine im 15. Jahrhundert umgebaute Kirche, die im Innenraum das Grabmal ihres Gründers birgt: Dargestellt sind der König sowie acht seiner Gefolgsleute.

Roscommon County

Weil Roscommon keine Küste besitzt, wird die Grafschaft von vielen Besuchern wenig beachtet. Ihre historische Bedeutung ist aber unübersehbar: Grabhügel, Festungen und weitere, wahrscheinlich rituellen Zwecken dienende Monumente von der Bronzezeit bis zum Mittelalter umgeben den alten Sitz der Könige von Connacht in Tulsk. Zahlreiche Stätten müssen noch ausgegraben werden, und so wurden die vielen Legenden, die sich um die Gegend ranken, noch nicht wissenschaftlich erhellt. Der Sage nach hatte die Kriegerkönigin Medb hier ihren Palast. Von der neueren Geschichte erzählt Strokestown Park House, der um 1740 erbaute Herrensitz der Mahon-Familie. Das Museum in den ehemaligen Stallungen dokumentiert die Schrecken der 1840er-Jahre, als Hungertod und Auswanderung die irische Bevölkerung von acht auf fünf Millionen reduzierten.

Die Klostersiedlung von Clonmacnoise wirkt mit ihren Ruinen und Hochkreuzen wie ein großer Friedhof. Auf dem Gelände verstreut stehen mehrere Kirchen aus dem 11.–13. Jahrhundert.

Zu den Highlights der irischen Hauptstadt zählt die Old Library des Trinity Colleges. Die Büchersammlung umfasst fast drei Millionen gedruckter Bücher sowie rund 5000 Handschriften.

LEINSTER

Eine abwechslungsreiche Landschaft und bedeutende historische Stätten kennzeichnen die Provinz Leinster, zu der auch Irlands Hauptstadt Dublin gehört. Sanft gewellte Hügel, Farmen und Torfmoore prägen das Bild der grünen Mitte der Insel. Eine eher wilde Natur charakterisiert die Berge von Wicklow an der Küste. Mit dem heiligen Ort der Hochkönige in Tara, beeindruckenden Monumenten aus vorgeschichtlicher Zeit im Boyne-Tal und der mittelalterlichen Stadt Kilkenny bietet Leinster Kostbarkeiten aus der irischen Geschichte.

Drei Hochkreuze sind in der Klosterruine von Monasterboice erhalten: Das Kreuz des Abtes Muiredach aus dem 10. Jahrhundert zeigt Adam und Eva, David und Goliath, Moses und das Leben Christi; in der Mitte ist das Jüngste Gericht dargestellt. Auch das Westkreuz ist reich verziert.

Nach der Auflösung aller Klöster durch den englischen König Heinrich VIII. im Jahre 1536 wurde Mellifont Abbey zum befestigten Wohnsitz der Grafen von Drogheda. Bei einer Belagerung im 17. Jahrhundert erlitt das ehemalige Kloster schwere Schäden. Heute sind nur noch Reste erhalten.

Old Mellifont Abbey und Monasterboice

Das fruchtbare Tal des River Boyne bei der Stadt Drogheda war ein günstiges Gelände für Klostergründungen. Monasterboice, das Kloster des heiligen Buite, entstand um 500 und ist für seine Hochkreuze und einen der höchsten Rundtürme im Lande berühmt. Rundtürme entstanden ab dem 9. Jahrhundert als Schutz vor Wikingerangriffen. Die runde Form bot keine Angriffsfläche, hatte man einmal die zum erhöhten Eingang führende Leiter ins Innere gezogen. Hochkreuze waren Statussymbole der Klöster und örtlichen Landesherrn und dienten als »steinerne« Bibeln: Anhand der eingemeißelten Szenen konnte man dem des Lesens nicht kundigen Volk die Heilsgeschichte erklären. 1142 etablierte der Zisterzienserorden mit Mellifont Abbey sein erstes Kloster in Irland. Auch als Ruine lässt die Anlage den Glanz früherer Tage erkennen, als sie Mutterhaus von über 30 Klöstern war.

Der Durchmesser des größten Grabhügels in Knowth beträgt 95 Meter. 127 große Steinen umschließen den Bau, der von19 kleineren Hügel umgeben ist. Im Bild unten sieht man verzierte Steine und rechts einen Korridor im Grab von Newgrange.

Newgrange, die bekannteste vorchristliche Grabanlage Irlands, besteht aus einem mächtigen Stein- und Erdhügel in annähernder Herzform. Um den Hügel herum gruppieren sich zwölf Felsblöcke, ursprünglich sollen es 38 gewesen sein.

Bend of Boyne

In einer Biegung des Flusses Boyne befindet sich eine der bedeutendsten vorgeschichtlichen Stätten Europas, eine Ansammlung von 40 jungsteinzeitlichen Monumenten. Berühmt sind die Grabstätten von Newgrange, Knowth und Dowth, die vor fast 5000 Jahren errichtet wurden. Das Ganggrab von Newgrange ist 13 Meter hoch und hat einen Durchmesser von 80 Metern. Sein Zweck konnte bislang nicht geklärt werden: Diente es als Grab, Sonnentempel oder war es ein astronomischer Kalender? Muster aus Spiralen, Wellen und anderen Motiven zieren die 4,5 Meter langen mächtigen Steine, die einen Saum um den Hügel bilden. Oberhalb des Eingangs befindet sich ein kleiner Raum, der zur Wintersonnenwende von den Strahlen der aufgehenden Sonne erhellt wird. Im Ganggrab von Knowth wird die Kammer dagegen zur Tagundnachtgleiche bei Sonnenaufgang erhellt.

Musikalische Tradition ist in Irland vielerorts höchst lebendig – sei es bei den zahlreichen Musikfestivals, die regelmäßig stattfinden, oder auch im Alltagsleben, auf der Straße oder in einem der Pubs am Ort.

Sehr beliebt, weil musikalisch vielseitig ist die Geige (Fiddle). Typisch irisch sind die Blechflöte (Tin Whistle) und die Handtrommel aus Ziegenfell (Bodhran). Gitarre, Banjo oder Akkordeon ergänzen den Klang.

IRISH FOLK MUSIC

Irische Pubs sind weltberühmt – wegen der lockeren Atmosphäre, der oft guten Live-Musik und nicht zuletzt wegen des wohlschmeckenden Bieres. Doch wie läuft ein Abend im Pub eigentlich ab? Ein Aushang kündigt für den nächsten Tag einen Musikabend um 20 Uhr an. Man geht pünktlich hin und wundert sich, dass noch nichts los ist. Erst nach und nach erscheinen einige Leute mit Instrumenten, die Musik beginnt, Guinness fließt und die Stimmung steigt. Schließlich tritt nicht nur die angekündigte Band auf, sondern zeigen auch einige Gäste ihr musikalisches Talent. Die enorme Musikleidenschaft des Inselvolks ist unüberhörbar, die Tradition vielfältig. Es gibt klassische irische Musik, zu der unbegleiteter Gesang und Instrumentalmusik für Tänze gehören. Im Pub erlebt man eher eine Variante der Folk Music, die sich auf verschiedene Instrumente stützt. Die Grenzen zu anderen Musikrichtungen sind fließend. Oft hört man die amerikanisch beeinflusste »Country and Irish«-Musik. Dass die Begabung der Iren auch in die Rock-Musik überschwappte, bewiesen Interpreten wie Van Morrison, Sinead O'Connor und Bands wie U2. Authentische Traditionsmusik ist am häufigsten in den Irisch sprechenden Gebieten des Westens und bei Veranstaltungen des Vereins für irische Musik, Comhaltas Ceotoiri Eireann, anzutreffen.

Trim Castle war die stärkste normannische Burg in ganz Irland. König Johann weilte hier im Jahre 1210, und Richard II. hielt seinen Nachfolger, den jungen Heinrich von Lancaster, in der mächtigen Burg gefangen.

Am Hill of Tara kamen im 3. Jahrhundert die irischen Könige zusammen, um einen Hochkönig zu wählen. Noch heute steht hier der Stein des Schicksals, der dreimal gebrüllt haben soll, wenn ihm die Wahl zusagte.

Trim Castle und Hill of Tara

Irland besitzt einen reichen Mythenschatz, dessen Ursprung teils in vorkeltischer Zeit liegt. Viele Sagen handeln vom heiligen Hügel Tara, der eine 4000-jährige Geschichte hat und seine Glanzzeit als Sitz der High Kings, der Hochkönige, erlebte. Das Zeichen zur Christianisierung Irlands gab 433 der heilige Patrick durch das Zünden eines Osterfeuers auf dem benachbarten Slane Hill. König Laoghaire hatte dies verboten, solange das Feuer auf dem Tara-Hügel noch nicht brannte. 1843 versammelten sich bei Tara fast eine Million Menschen, um Daniel O'Connells Kampagne gegen die Zwangsvereinigung mit England zu unterstützen. Während in Tara nicht viel mehr als von Gras bewachsene Hänge und Senken zu sehen sind, erhebt sich einige Kilometer entfernt ein wichtiges Symbol fremder Herrschaft über Irland: das im späten 12. Jahrhundert errichtete Trim Castle.

Nächtliche Impressionen in der irischen Hauptstadt: die elegante Half Penny Bridge von 1816 und das Custom House sowie die etwas ältere O'Connell Bridge, die fast genauso breit wie lang ist.

Stimmungsvoll ist die abendlich beleuchtete Mount Street mit ihren schönen Häusern im georgianischen Stil. Die 1821 erbaute St. Stephen's Church wird im Volksmund auch »Pepper Canister church« genannt.

Dublin

Seit den 1990er-Jahren erlebt Dublin einen immensen Aufschwung, da die irische Wirtschaft schneller als alle anderen der Europäischen Union wächst. Dadurch werden die alten Reize der Stadt, wie die Architektur im »Georgian«-Stil des 18. Jahrhunderts, um neue Seiten bereichert. Vor allem im Stadtteil Temple Bar mit schicken Galerien, Bars und Restaurants machen sich Stil und Lebensgefühl des neuen Millenniums bemerkbar. Es gibt auch negative Aspekte des Booms, etwa der dichte Autoverkehr und die gefühllose Sanierung alter Viertel. Eine Siedlung an der River Liffey bestand bereits seit einigen Jahrhunderten, als die Wikinger sie im 9. Jahrhundert befestigten. Ab 1170 war Dublin das Bollwerk der anglo-normannischen Könige, blieb dann das Zentrum der englischen Herrschaft und wurde 1921 Hauptstadt der unabhängigen irischen Republik.

Die im »Early English«-Stil der Gotik erbaute St. Patrick's Cathedral ist eines der Wahrzeichen von Dublin und mit 93 Meter Länge die größte Kirche Irlands. Mindestens genauso berühmt ist die Old Library im Trinity College.

Das im 16. Jahrhundert gegründete Trinity College ist noch heute die renommierteste irische Universität. Besuchermagnet ist hier die Old Library, die Bibliothek, mit ihren wertvollen Handschriften und alten Büchern.

Trinity College und St. Patrick's Cathedral

Manches historische Gebäude in Dublin erinnert noch heute an die ehemalige englische und protestantische Dominanz über das keltische und katholische Irland: Als Elisabeth I. 1592 die Universität Trinity College gründete, durften Katholiken dort kostenlos studieren, wenn sie zur anglikanischen Kirche konvertierten. Allerdings war ihnen erst ab 1873 erlaubt, einen akademischen Grad zu erwerben. Höhepunkt der klassizistischen Universität ist der Long Room der Bibliothek. Dort werden etwa 200 000 gebundene Bücher sowie das weltberühmte um 800 entstandene Evangeliar »Book of Kells« aufbewahrt. Ein weiteres Highlight in Dublin ist die St. Patrick's Cathedral. Die Kathedrale entstand 1220 bis 1270 und war bis ins 18. Jahrhundert katholisch, dann wurde sie anglikanisch. Jonathan Swift, der Autor von »Gullivers Reisen«, war hier von 1713 bis 1745 Dekan.

Dublin bietet ein überaus lebhaftes Nachtleben. Dazu gehören Pubs unterschiedlichster Milieus und Stilrichtungen: Ein Erlebnis sind traditionsreiche Pubs wie die schon mehrfach als »Irish Music Pub of the Year« ausgezeichnete »The Temple Bar«, wo täglich Sessions stattfinden. »Temple Bar« ist auch der Name eines zwar ab den 1980er-Jahren liebevoll sanierten, heute aber leider vielfach überteuerten und vor allem an den Wochenenden arg überlaufenen Vergnügungsviertels mit einem Pub und Restaurant neben dem anderen. Doch in manchen der Pubs spürt man ihn noch, den alten Charme der Bohéme.

PUBS IN DUBLIN

Um die Mitte des 19. Jahrhunderts waren in Irland etwa 15000 Lizenzen für öffentliche Kneipen vergeben. Tatsächlich spielten Pubs aber schon viel länger eine zentrale Rolle in der irischen Gesellschaft. Auf dem Land stellt der Pub noch heute das Herz eines jeden Dorfes dar. Er ist mehr als ein Ort zum Trinken, er ist auch gleichzeitig Treffpunkt der Gemeinde, Informationsbörse und mit seinen Musikaufführungen zudem eine Art Kulturzentrum. In der Hauptstadt Dublin soll es im 17. Jahrhundert in jedem fünften Haus eine Schenke gegeben haben. Heute haben Dubliner und Gäste der Stadt immer noch rund 800 Kneipen zur Auswahl für das abendliche Vergnügen. In »Ulysses«, dem großen Dublin-Roman von James Joyce, hat der Pub Davy Byrne's in der Duke Street einen besonderen Platz. Auch die gegenüber liegende Kneipe The Bailey wird erwähnt, allerdings ist der Originalbau heute nicht mehr erhalten. Da viele der großen irischen Schriftsteller gerne ein Gläschen tranken, haben literarische Kneipentouren durch Dublin seit Jahren Hochkonjunktur. Für sein Erfolgsrezept probierte Arthur Guinness, der 1759 seine Brauerei in Dublin eröffnete, lange mit gemälzter und gerösteter Gerste, bis ihm das bittere, schwarze Bier gefiel. Mittlerweile wird das irische Guinness weltweit exportiert.

Der Leuchtturm an der Hafeneinfahrt von Howth auf der gleichnamigen Halbinsel nördlich von Dublin wurde 1818 errichtet. Die Stadt besitzt einen der wichtigsten Fischereihäfen Irlands. Den 1804 erbauten Martello-Turm in Dun Laoghaire hat James Joyce in seinem Roman »Ulysses« verewigt.

Auch in Balbriggan, einem ruhigen Küstenort mit schönen Sandstränden, hoffte man durch den Bau eines Martello-Towers besser vor feindlichen Überfällen geschützt zu sein. Diese Türme wurden meist in einem Abstand errichtet, der Sichtkontakt von einem zum anderen ermöglichte.

Küste bei Dublin

Nördlich und südlich von Dublin liegen am Meer traditionsreiche Erholungsorte wie das hübsche Dun Laoghaire. Anfang des 19. Jahrhunderts wurden hier an der Küste so genannte Martello-Türme gebaut, um die Region vor französischer Invasion auf dem Wasserweg zu schützen. Der bekannteste Martello-Turm befindet sich in Sandycove, einem Stadtteil von Dun Laoghaire. Dort verbrachte James Joyce im Jahr 1904 einige Tage und verewigte den Ort in seinem Roman »Ulysses«. Heute gibt es hier ein kleines Joyce-Museum. Nördlich von Dublin liegt die Halbinsel Howth. Von den Ruinen der Abtei St. Mary's oder bei einem Klippenspaziergang hat man einen schönen Blick auf Ireland's Eye, ein felsiges Eiland mit Klosterruinen und vielen Seevögeln. Howth Castle, das wohl älteste bewohnte Haus Irlands, ist seit über 500 Jahren Sitz der St. Lawrence-Familie.

Der knapp 130 Kilometer lange Fernwanderweg Wicklow Way führt von den Vororten der Hauptstadt quer durch das gleichnamige Gebirge. Gräser- und erikabewachsene Flächen färben die Hügel bunt ein.

Nahe dem hübschen Dorf Enniskerry liegt an den Ausläufern der Wicklow Mountains das Herrenhaus Powerscourt Estate, dessen 1740 angelegter Park als eine der schönsten Gartenanlagen der Insel gilt.

Wicklow Mountains

Die einsamste Landschaft der irischen Ostküste ist keine Stunde von Dublin entfernt. Der Wicklow Way führt auf einer Länge von 130 Kilometern von den Vororten der Hauptstadt quer durch das Gebirge – über ödes Moorland und kahle Höhen, durch bewaldete Täler und am höchsten Wasserfall des Landes vorbei. Der Powerscourt Waterfall, der zum Gut eines Herrensitzes aus dem 18. Jahrhundert gehört, donnert 120 Meter tief ins Tal. Obwohl die höchste Erhebung in Wicklow, Lugnaquillia, nur 926 Meter erreicht, ist dies eine wilde Landschaft, in der sich in früheren Zeiten Banditen und Rebellen nahezu unbehelligt aufhielten. Bis heute ist die Region dünn besiedelt: Trotz der Ausweitung des Dubliner Ballungsgebiets zählt die Grafschaft Wicklow heute nur rund 100 000 Bewohner – weniger als in der Zeit vor den Hungersnöten der 1840er-Jahre.

In Glendalough finden sich zahlreiche Relikte, die mit Sagen zum Leben des Klostergründers Kevins in Verbindung stehen. Beachtung verdienen ein mehr als 30 Meter hoher Rundturm und ein Hochkreuz aus dem 8. Jahrhundert.

Der Legende nach wählte Kevin eine nur schwer zugängliche Höhle am Upper Lake als seinen Schlafplatz. Als ihn dort ein Mädchen aufspürte, dessen Reize ihn wohl in Versuchung brachten, soll er sie in den See geworfen haben.

Glendalough

Es gibt in Irland viele schön gelegene Klöster, aber kein zweites besitzt eine so zauberhafte Ausstrahlung wie Glendalough, das »Tal der zwei Seen« am östlichen Rand der Berge von Wicklow. Die Gründung wird dem heiligen Kevin zugeschrieben. Er soll sich im 6. Jahrhundert als Eremit hierher zurückgezogen haben, es folgten ihm aber so viele Schüler, dass er wenig später ein Kloster gründete. Glendalough überstand mehrere Brände und Angriffe von Wikingern, Normannen und Engländern, bevor es während der Reformation aufgelöst wurde. Auf dem Gelände um die beiden Seen finden sich Ruinen der einstigen Klosterstadt, darunter eine überdachte Kirche, die aufgrund der kaminähnlichen Dachkonstruktion Kevin's Kitchen genannt wird. Ein Weg führt am oberen See zu Kevins vermutlichem Schlafplatz in einer Höhle, die in den Felsen gehauen wurde.

Die ziemlich isolierte Lage schützte Clonmacnoise lange Zeit vor Angriffen, doch im Jahr 1552 setzten plündernde englische Soldaten der rund 1000 Jahre währenden kulturellen Blüte ein Ende.

Das um das Jahr 548 vom heiligen Kieran gegründete Kloster Clonmacnoise war letzte Ruhestätte der Könige von Connacht und Tara sowie im Jahr 1198 des letzten Hochkönigs von Irland, Rory O'Connor.

Clonmacnoise

In einer Biegung des River Shannon, in der Grafschaft Offaly, liegt die einzigartige Klostersiedlung Clonmacnoise. Im Mittelalter war das Kloster ein Zentrum der Religion und Gelehrsamkeit, das europäischen Rang hatte. Auf dem viel besuchten Gelände befinden sich zwei Rundtürme, die Reste der ehemaligen Kathedrale sowie acht kleinere Kirchen aus verschiedenen Epochen. Einen Höhepunkt stellt die in Irland umfangreichste Sammlung keltischer Hochkreuze dar. Die wertvollsten Kreuze, die aus dem ersten christlichen Jahrtausend stammen, stehen zum Schutz vor Wind und Wetter im Besucherzentrum, das auch eine ansprechende Darstellung der Geschichte des Orts zeigt. Aber erst ein Besuch des Nationalmuseums in Dublin, wo Bücher und kultische Schätze aus Clonmacnoise ausgestellt sind, führt die Errungenschaften dieser Klosterkultur vor Augen.

In der Umgebung von Kilkenny liegen zwei der berühmtesten Klosterruinen Irlands: das ehemalige Augustinerkloster Kells Priory sowie die frühere Zisterzienserabtei Jerpoint Abbey, beide aus dem 12. Jahrhundert.

In der Stadt selbst befinden sich die Reste des Kilkenny Castle, eine der berühmtesten Schlösser des Landes. Von der ursprünglichen Anlage sind drei Rundtürme erhalten, die anderen Bauten sind jüngeren Datums.

Kilkenny

Von dem mehr als 1000 Jahre alten Rundturm am Hügel neben der Kathedrale genießt man den besten Blick auf die hübsche, viel besuchte Stadt Kilkenny, die über mehr Bauwerke aus dem Mittelalter verfügt als jede andere des Landes. Hier residierten vor über 1000 Jahren Mönche und regionale Fürsten, aber erst mit dem Bau der Burg durch die Normannen ab dem späten 12. Jahrhundert erlebte Kilkenny seine Blütezeit. Im Jahr 1366 wurde hier das Statut von Kilkenny verabschiedet, das Siedlern aus England die Heirat mit Einheimischen und den Gebrauch der irischen Sprache verbot. 1391 erwarb die Butler-Familie die Burg und hielt sie bis ins 17. Jahrhundert der englischen Krone treu. Einige der früheren Repräsentationsräume wurden schön restauriert. In der gotischen Kathedrale fanden viele Mitglieder der Butler-Dynastie ihre letzte Ruhestätte.

Rund 70 Prozent der Landesfläche Irlands sind landwirtschaftliche Nutzfläche, der größte Teil davon ist Weideland. Neben Rindern werden Geflügel, Schweine und Schafe gehalten. Beliebt ist das Suffolk-Schaf, das ursprünglich aus Großbritannnien stammt.

Bei den regelmäßig stattfindenden Viehauktionen verschaffen sich die irischen Landwirte einen Überblick über die gezüchteten Rinderrassen. Traditionelle einheimische Arten werden ebenso zum Verkauf angeboten wie leistungsstarke Rassen vom Kontinent.

FARMING

Das berechtigte Image Irlands als »Grüne Insel« wird oft mit der Vorstellung einer von Landwirtschaft geprägten Gesellschaft verbunden. Heutzutage trifft dies nur noch bedingt zu, denn Landwirtschaft bedeutet in Irland in erster Linie Weideland, weniger Ackerbau und Viehzucht. Der EU-Beitritt Irlands im Jahre 1973 war insbesondere für die Großbauern segensreich und führte zu einer Intensivierung der Produktionsmethoden. Die Brüsseler Förderung der Schafzucht, zum Beispiel, löste einen kontinuierlichen Zuwachs aus, sodass die Anzahl der Schafe mit 4,5 Millionen die menschliche Bevölkerung übertraf. Eine Überweidung war in vielen Landstrichen die Folge, und Schafe sind heute im ländlichen Irland allgegenwärtig.
Die geologischen und klimatischen Verhältnisse im Lande haben unterschiedliche Auswirkungen auf die Landwirtschaft. Einerseits schaffen der milde Winter und die hohen Niederschlagsmengen günstige Wachstumsbedingungen. Andererseits bestehen weite Teile des Landes aus unproduktiven Torfmooren. Aus den fruchtbaren Gebieten im Süden und Osten kommen Milchprodukte und Fleisch. Es gibt immer noch Agrarbetriebe mit gemischter Landnutzung aus Ackerbau und Viehhaltung, die das Bild eines naturnahen ländlichen Lebens aufrecht halten.

Die Ruinen der im 12. Jahrhundert gegründeten Dunbrody Abbey im Südwesten der Grafschaft Wexford zeugen von der Baukunst der Zisterzienser. Das reich verzierte keltische Hochkreuz steht im Irish National Heritage Park, einem weitläufigen Freilichtmuseum nahe der Stadt Wexford.

Etwas außerhalb der Stadt Wexford liegt das neogotische Johnstown Castle, das in der zweiten Hälfte des 19. Jahrhunderts erbaut wurde. Dabei wurden Burgreste aus normannischer Zeit miteinbezogen. Sehenswert auch der Schlosspark mit mehr als 200 verschiedenen Pflanzen.

Wexford

Der Grafschaft Wexford fehlt die wilde Landschaft anderer Regionen, dafür bietet sie attraktive Sandstrände. Das Land zwischen den Blackstairs Mountains und dem Meer hat zudem die meisten Sonnenstunden und den geringsten Niederschlag der Insel. Aufgrund der kurzen Seewege wirkten hier fremde kulturelle Einflüsse stärker als in anderen Regionen. Gründer der Hafenstadt Wexford waren die Wikinger. Im Mittelalter siedelten sich Waliser an und bildeten eine Volksgruppe, die bis ins 19. Jahrhundert einen eigenen Dialekt sprach. Heute steuern Fähren aus Frankreich und Wales den Hafen von Rosslare an, da die Kaianlagen der Stadt Wexford infolge der Versandung schon lange nicht mehr für den Handel benutzt werden. Stattdessen profiliert sich die Stadt mit einem jährlich im Oktober stattfindenden Opernfest von internationaler Bedeutung.

Einer der besten Aussichtspunkte der Region ist der Ladies View bei Killarney: Den traumhaften Blick auf den Upper Lake genoss an dieser Stelle bereits Königin Victoria vor etwa 100 Jahren – daher auch der Name.

Die Halbinsel Dingle besticht durch ihre wildromantische Küstenlandschaft (kleines Bild). In der Bildmitte der von Wolken umhüllte Mount Brandon und links hinten die Klippen der »Three Sisters« an der Steilküste.

MUNSTER

Idyllische Küstenlandschaften, Bilderbuchdörfer und verwunschene Seengebiete, schroffe Klippen und sagenumwobene Inseln, Zeugnisse uralter Zivilisation und ebenso geschichtsträchtige wie lebhafte Städte kennzeichnen die größte Provinz der Republik Irland. Das im Südwesten gelegene Munster (irisch Cúige Mumhan) umfasst die Grafschaften Clare, Cork, Kerry, Limerick, Tipperary und Waterford. Der Name geht vermutlich auf die keltische Göttin Mumha zurück.

Inmitten einer von Heide und seltenen Felsgewächsen gesäumten Landschaft (oben von links nach rechts: Westliches Knabenkraut, Silberdistel, Hundswurz, Kissenprimel, Mannsblut) finden sich im Burren National Park immer wieder frühzeitliche Überreste (unten: Unten: Poulnabrone Dolmen, ein Steingrab).

The Burren

Ein englischer Offizier, der mit Cromwells Armee in die Karstlandschaft der Grafschaft Clare kam, hatte kein Auge für ihre eigenartige Schönheit. Er fand »kein Wasser, um einen Mann zu ertränken, keinen Baum, um ihn zu erhängen, keine Erde, um ihn zu beerdigen«. Das 250 Quadratkilometer große Kalksteinplateau heißt »The Burren« – von Boireann, »steiniges Land« – und ist auf den ersten Blick öd und grau. Im Frühling aber gedeiht in den Felsritzen eine Vielfalt an Blumen; sogar alpine, mediterrane und arktische Arten gibt es. Irischer Steinbrech und mehrere Orchideenarten gehören dazu. The Burren ist auch mit Spuren früherer menschlicher Siedlung übersät: Über 60 Megalithgräber und an die 500 jungstein- und eisenzeitliche Ringanlagen zeugen davon. Eindrucksvoll ist Poulnabrone Dolmen, ein einst mit Erde bedecktes Steingrab aus der Zeit um 3000 v. Chr.

Eine spektakuläre Klippenlandschaft südlich der Galway Bay: die berühmten Cliffs of Moher. Im Norden, am O'Brian's Tower, ragen die Steilfelsen bis zu 200 Meter aus dem Atlantik, im Süden bis zu 120 Meter.

Die berühmten Cliffs of Moher, Europas höchste Steilfelsen, ziehen sich über eine Länge von 8 Kilometern hin. In den Felsspalten nisten unzählige Vögel, meist Dreizehenmöwen, Trottellummen und Papageitaucher.

Cliffs of Moher

Zwischen Liscannor und Doolin erstrecken sich an einigen Stellen über 200 Meter hohe Klippen, die ein bewegendes Küstenpanorama bieten. Wanderer finden hier einen schönen, 35 Kilometer langen Wanderweg vor. Bei dem Schwindel erregenden Blick von den Cliffs of Moher hinunter zur aufsprühenden Gischt und auf erodierte Felsnadeln bekommt man eine Vorstellung von der Kraft der atlantischen Brecher. Das südliche Ende der lang gezogenen Felsklippen bei Hag's Head ist ideal, um dieses Naturspektakel zu erleben. Besonders schön ist es abends, wenn die untergehende Sonne die gewaltigen Schichten aus Sandstein und Tonschiefer erleuchtet. Liscannor ist für einen Brunnen mit angeblich Wunder wirkenden Wasser, Brigid's Well, bekannt; das kleine, viel besuchte Doolin genießt einen internationalen Ruf dank seiner Musikszene in den drei Kneipen des Orts.

Küstenregionen mussten sich stets gegen Überfälle vom Wasser her schützen: Auch im County Clare ist die Küste von Wachtürmen wie dem von Doonagore Castle geprägt. Daneben gibt es auch der Seefahrt dienende Leuchttürme wie am Loop Head.

Der Küstenort Kilkee liegt an einer halbrunden Bucht mit schönem, langem Sandstrand, der zu ausgedehnten Strandspaziergängen einlädt. In westlicher Richtung finden sich eindrucksvolle Felsformationen, die vom 60 Meter hohen Lookout-Hill überragt werden.

Küste von Clare

Nicht nur wegen der guten Musik in den Pubs kommen viele in die »singende Grafschaft« Clare. Die imposante Klippenlandschaft und schöne Sandstrände locken auch für den Bade- und Familienurlaub. Die Halbinsel von Loop Head zeigt wie ein lang gezogener Finger nach Westen ins Meer. Auf der Nordseite befindet sich der beliebteste Ferienort, Kilkee, mit nettem Strand und den Duggerna Rocks, die vor den Atlantikstürmen schützen. An den Felsen wird bei Ebbe eine immer wieder faszinierende Fläche mit Salzwassertümpeln voller Meerestiere und -pflanzen freigelegt. Die Mündung des River Shannon bildet die Südseite der Loop Head-Halbinsel. Vom Ort Kilrush fahren Boote zu den Delfinen der Shannon-Mündung und der mittlerweile unbewohnten Scattery Island, wo nur noch Reste menschlicher Besiedlung, darunter Klosterruinen, anzutreffen sind.

Südwestlich von Irishtown erstreckt sich das heutige Herz der Stadt. Den Mittelpunkt bildet die O'Connell Street mit ihren liebevoll restaurierten Häusern aus georgianischer Zeit und dem Denkmal für den Freiheitskämpfer Daniel O'Connell.

Das am Shannon gelegene King John's Castle wurde im Jahr 1210 als größte normannische Burg in Irland vollendet. Die fünfeckige Wehranlage hat ein imposantes Haupthaus, drei Rundtürme und einen zweitürmigen Torbau.

Limerick

Mit 60 000 Einwohnern ist Limerick die drittgrößte Stadt der irischen Republik. Durch die positive Entwicklung der letzten Jahre trägt die Stadt am River Shannon ein gepflegteres und freundlicheres Gesicht als noch vor einer Generation. Denn nur schwerlich gelang es Limerick, den Ruf einer armen Industriestadt abzuschütteln. Das King John's Castle befindet sich wie die protestantische St. Mary's Cathedral im alten Stadtteil Englishtown. Die gälischen Bewohner mussten außerhalb der Befestigungen in Irishtown wohnen, und es gab eine lange Tradition des Misstrauens zwischen den beiden Volksgruppen. Ein Highlight in Limerick ist das Hunt Museum, das nach dem Nationalmuseum in Dublin als bedeutendste Sammlung mittelalterlicher Kunst in Irland gilt. Die exquisite Kunstsammlung ist der Nachlass eines englischen Antiquitätenhändlers.

Neben dem King John's Castle in Limerick selbst gibt es auch in der Umgebung bedeutende Schlösser: Das Bunratty Castle ist ein schönes Beispiel für eine mittelalterliche Burg in Irland. Der dazugehörige Bunratty Folk Park birgt ein sehenswertes Freilichtmuseum.

Das einstige Herrenhaus Adare Manor wurde vor einigen Jahren in ein luxuriöses Schlosshotel umgewandelt. Im weitläufigen Schlosspark, der heute größtenteils als Golfplatz dient, finden sich die romantischen Ruinen des Desmond Castle (kleines Bild unten) aus dem 13. Jahrhundert.

Schlösser im County Limerick

In der Gegend von Limerick begegnet man dem fruchtbaren Irland mit satt-grünen Wiesen und Weideland, um das einst Wikinger, Kelten und Normannen miteinander kämpften. Das Gelände von Bunratty Castle war vor 1000 Jahren Handelsplatz der Wikinger. Dreimal bauten die Anglo-Normannen eine Burg an dieser Stelle, dreimal verloren sie die Festung an irische Clans. Die jetzige Burg ist die vierte und blieb unter den O'Brien- und MacNamara-Familien bis zur Ankunft der Truppen Cromwells in irischem Besitz. Im Jahr 1954 kaufte Lord Gort die vernachlässigte Burg, restaurierte sie und suchte dafür in ganz Europa Möbel und Einrichtungen aus dem 15. und 16. Jahrhundert zusammen. Im benachbarten malerischen Adare ließ der Graf von Dunraven im Jahre 1832 das Adare Manor erbauen, ein neogotischer Bau, der wie ein mittelalterliches Märchenschloss wirkt.

Der Burgberg Rock of Cashel war jahrhundertelang der Sitz irischer Hochkönige. Das älteste Bauwerk der Anlage ist der 28 Meter hohe Rundturm aus dem 11.–12. Jahrhundert. Die Kathedrale wurde im 13. Jahrhundert zwischen dem Rundturm und der Kapelle errichtet.

Das Glanzstück des Rock of Cashel ist die wunderschöne Cormac's Chapel, ein ab 1127 entstandenes Frühwerk der irischen Romanik. Im Chor beeindrucken Fragmente von Fresken mit Motiven zur Taufe Christi sowie einer befestigten Stadt, die vermutlich Jerusalem darstellt.

Rock of Cashel

Der Rock of Cashel, ein Kalksteinfelsen, der in der Grafschaft Tipperary unvermittelt aus einer grünen Ebene emporragt, war durch die strategische Lage prädestiniert, ein bedeutender Ort zu werden. Der Legende nach fiel der Felsen aus dem Mund des Teufels, als er vorüberflog und den heiligen Patrick sah. Hier soll Patrick dem dreiblättrigen Klee, Shamrock, zum Status eines irischen Nationalsymbols verholfen haben, indem er die Pflanze zur Erklärung der heiligen Dreifaltigkeit heranzog. Die ältesten erhaltenen Bauwerke auf dem Rock of Cashel stammen aus dem 11. und 12. Jahrhundert, der Rundturm und die Cormac's Chapel. Da die Kapelle sich als zu klein erwies, errichtete man später die Kathedrale. Für Laienbrüder entstand im 15. Jahrhundert die Hall of the Vicars Choral, in der das St. Patrick's Cross aufbewahrt wird.

Dingle, die nördlichste Halbinsel der Grafschaft Kerry, imponiert durch ihre karge, aber grandiose Landschaft. Besonders eindrucksvoll ist sie im Herbst, wenn das Meer seine Urgewalt zeigt – am gestrandeten Schiff bei Slea Head oder der Brandung vor Great Blasket Island.

Großen Charme hat die an der Südseite der Halbinsel gelegene Stadt Dingle mit ihren bunten Häusern. Einst wichtiges Handelszentrum, lebt die Stadt heute vor allem vom Tourismus. Westlich von Dingle befindet sich ein Gaeltacht-Gebiet, in dem die irische Sprache gepflegt wird .

Halbinsel Dingle

Die Halbinsel Dingle ist die nördlichste von fünf Landzungen in der Grafschaft Kerry, die wie Finger nach Westen zeigen. Sie gehört mit ihren Bergen, der felsigen Küste und den herrlichen Stränden zu den reizvollsten Landschaften Irlands. Die Berge beiderseits des Connor Pass, mit 456 Metern der höchste Irlands, sind ein Paradies für Wanderer, während Surfer an der fünf Kilometer langen Landzunge bei Inch an der Südseite der Halbinsel gute Bedingungen finden. Wie überall im Westen Irlands gibt es auf Dingle Relikte des frühen Christentums, wie die steinernen so genannten »Bienenkorbzellen« der früheren Eremiten. Der Schutzheilige von Kerry, der heilige Brandon, soll auf dem Mount Brandon gebetet haben, bevor er im frühen 6. Jahrhundert seine legendäre Reise nach Amerika mit 14 anderen Mönchen in einem Curragh, einem traditionellen Segelboot, unternahm.

Skellig Michael, die größere der beiden Inseln, wurde von irischen Mönchen im 7. Jahrhundert als Refugium auserwählt. Sie lebten in bienenkorbähnlichen Zellen aus mörtellosen Steinen. Heute wie damals kann Skellig Michael nur zu Fuss entdeckt werden.
Die kleinere der Skellig-Inseln, Little Skellig, war stets unbewohnt und ist mittlerweile ein ausgewiesenes Vogelschutzgebiet. Tölpel und Papageientaucher nisten in diesem Felsennest zu Tausenden.

Skellig Inseln

Es ist nicht einfach, nach Skellig Michael, der größten Skellig-Insel, zu gelangen, von der George Bernard Shaw gesagt hat, sie gehöre nicht in den Alltag, sondern in unsere Traumwelt. Nur bei gutem Wetter ist die Überfahrt möglich. Bei Wetterumschwung muss man unter Umständen auf der Insel bleiben, bis die See ruhiger ist. Dennoch erklimmen alljährlich tausende Besucher die 650 Stufen, die zu den Ruinen des ehemaligen Klosters führen. Es war, wie der Name der Insel vermuten lässt, dem Erzengel Michael geweiht. Zu sehen sind Reste einer Kirche aus dem 12. Jahrhundert, außerdem Grabsteine und ein Brunnen. Eindrucksvoll sind die Mönchszellen, die wie steinerne Bienenkörbe aussehen. Der Legende nach soll der heilige Patrick die Giftschlangen aus Irland vertrieben haben, indem er die letzte ihrer Art mit Hilfe des Engels von den Skellig-Klippen ins Meer geworfen hat.

Der »Ring of Kerry«, die Rundfahrt um die Halbinsel Iveragh, erschließt eine der eindrucksvollsten Landschaften Westeuropas. Zwischen den Halbinseln Iveragh und Beara erstreckt sich die Meeresbucht Kenmare River. Vereinzelte kleine Cottages prägen das Landschaftsbild.

Etwa vier Kilometer von der Südküste Iveraghs entfernt liegt in einem Talkessel Staigue Fort, ein rund 2000 Jahre altes Ringfort, das einmal als Residenz der Könige von Munster diente und zu den besterhaltenen Denkmälern dieser Art in ganz Irland gehört.

Südküste von Iveragh

Die Fahrt entlang des »Ring of Kerry«, der 170 Kilometer langen Strecke um die Halbinsel Iveragh, gehört zu den Höhepunkten einer Irland-Reise. Der Ring of Kerry umzieht die Halbinsel etwa dem Küstenverlauf entsprechend. Die ständig wechselnden Blicke auf Berge und Meeresbuchten sind atemberaubend. Zu erleben sind nicht nur spektakuläre Landschaften sondern auch kulturelle Highlights wie das nahe dem Künstlerdorf Sneem liegende mächtige Staigue Fort, ein altes keltisches Ringfort mit vier Meter dicken Mauern, oder Derrynane House, der Stammsitz des Freiheitshelden Daniel O'Connell. Ein beliebter Ausgangspunkt für die Tour auf dem Ring ist das malerische Kenmare mit seinen pastellfarben getünchten Häusern, das am Ende der Meeresbucht Kenmare River liegt. Die für ihre Seidenherstellung bekannte Stadt ließ 1775 der Erste Marquess of Landsowne anlegen.

Malerisch ist das Szenario am Hafen von Port Magee – mühselig dagegen der Alltag der einheimischen Fischer. Übrigens sagt man, dass die farbige Bemalung der Häuser den Einheimischen helfen soll, nach einem Kneipenbesuch ihr Zuhause zu finden.

Grandiose Landschaftsszenerien bietet die Westküste von Iveragh: Das vor der Bucht von St. Finan gelegene Puffin Island ist beliebter Nistplatz für Papageitaucher und Tölpel. Einsamkeit findet man in der Bucht von Ballinskellig oder am Leuchtturm von Cromwell Point.

Westküste von Iveragh

Im Südwesten der Halbinsel Iveragh liegt Cahersiveen, der Wohnort eines der größten Helden der neueren irischen Geschichte, Daniel O'Connell. Der ausgebildete Rechtsanwalt erbte das durch Handel und Schmuggel erworbene Familienvermögen und konnte sein Leben dann dem Kampf gegen anti-katholische Gesetze widmen. Die eingeschränkte Emanzipation der Katholiken im Jahre 1829 war weitgehend sein Verdienst. Einen lohnenden Abstecher stellt Valentia Island dar; die durch eine Brücke mit dem Festland verbundene Insel hat den westlichsten Hafen Europas. Von hier aus wurde ab dem Jahr 1857 das Unterseekabel verlegt, das die erste telegrafische Verbindung zwischen Europa und Amerika herstellte. Auf der Insel ist auch das Skellig Experience Heritage Centre, das die Lebensweise der Mönche auf Skellig Michael anschaulich macht.

Auf einer Landzunge am Lough Leane steht Ross Castle, ein Schloss aus dem späten 15. Jahrhundert. Der größte der Seen ist durch eine Wasserstraße sowohl mit dem Muckross als auch mit dem Upper Lake verbunden.

Südwestlich der Stadt Killarney befindet sich die Killarney Area, ein reizvolles Gebiet mit insgesamt drei Seen. Der kleinste See, der Killarney Upper Lake, liegt etwas abseits und ist ein ideales Anglerrevier.

Killarney National Park

Die Killarney Area, ein über 8000 Hektar großes Gebiet bei Killarney mit Bergen und Seen, wurde von Gletschern der Eiszeit geformt. Die Region wurde zum Nationalpark erklärt, die Straßen sind für Autos gesperrt. Zum Besuch des Nationalparks gehört eine Fahrt mit der Pferdekutsche durch die Gap of Dunloe, eine Bergschlucht im Schatten des Purple Mountain, der seinen Namen dem hier im Spätsommer blühenden Heidekraut verdankt. Anstrengender ist dagegen die Tour zum Gipfel von Carauntoohill, mit 1040 Metern der höchste irische Berg. Eichen und Eiben, die im Killarney Nationalpark wachsen, sind in Irland recht selten, da die meisten Wälder bereits vor Jahrhunderten abgeholzt wurden. Zur ungewöhnlichen Flora der Region gehört auch der Erdbeerbaum, ein Strauch mit roten, nicht essbaren Früchten, der sonst nur am Mittelmeer gedeiht.

Neben der Fischerei im Meer ist in Irland auch der Süßwasser-Fischfang weit verbreitet. Die unzähligen Flüsse und Seen der Insel bescheren den Anglern häufig ungewöhnlich hohe Fangquoten. Früher wurde die Fischerei hauptsächlich in Küstennähe von kleinen Booten aus betrieben, oft im Winterhalbjahr als Zweiterwerb für Bauern. Heute ist diese Form des Fischfangs recht selten geworden.

FISHING

Obwohl die Gewässer um Irland arten- und fischreich sind, spielt die Fischerei im Wirtschaftsleben der Insel erst seit dem Zweiten Weltkrieg eine wichtige Rolle. In der Folgezeit wurde der Fischfang durch gezielte Maßnahmen der irischen Regierungen aufgebaut. Heute arbeiten moderne Trawler in den Häfen von Killybegs in Donegal und Castletownbere in der Grafschaft Cork in industriellem Maßstab, und Verarbeitungsbetriebe beschäftigen viele Menschen an Land. Dabei bekommen die Einheimischen Konkurrenz von gut ausgerüsteten Fabrikschiffen, vor allem aus Spanien. Trotz einer Überfischung der atlantischen Gewässer bleibt die irische Westküste im Vergleich etwa zur Nordsee ein gesundes Meer mit relativ geringer Verschmutzung, sodass irische Meeresfrüchte einen hervorragenden Ruf genießen. Nicht nur Lachs, sondern auch Jakobsmuscheln, Austern und Miesmuscheln werden in speziellen Fischfarmen gezüchtet – in erster Linie für den Export, aber die Zahl der guten Fischrestaurants im eigenen Lande nimmt ständig zu. Die irischen Trawler fangen Schellfisch, Makrelen, Scholle und Weißfisch, aber auch Delikateres wie Seezunge und Seeteufel. Doch auch die kleinen Boote, die in Küstennähe Hummer, Krebse und Garnelen fangen, prägen das Bild vieler uriger Häfen entlang der Küste.

Typisch für den Westen der Halbinsel sind kleine Buchten, die noch nahezu unberührt sind. Kleine Fischerhäfen und abgelegene Siedlungen zeugen von der Ursprünglichkeit der Region.

Traumhaft schön gelegen: die Garnish Bay nahe Dursey Island an der Westseite der Halbinsel Beara. Baßtölpel und andere Vögel finden hier ideale Lebensbedingungen.

Garnish Bay

Das Deck eines Segelschiffs ist der günstigste Aussichtspunkt, um die stille Schönheit der vielen kleinen Buchten im äußersten Westen der Beara-Halbinsel zu erleben. Unterwegs sieht man mit etwas Glück Seehunde, die sich auf einem aus dem Meer ragenden Felsen sonnen. Garnish Bay liegt südlich von Allihies, in einer Region, in der früher Kupfererz abgebaut wurde. Freunde von einsamen Wanderungen finden an dieser Küstenstrecke ihr Glück, beispielsweise auf auf der Insel Dursey, die mit einer Kabelbahn über die für Boote gefährliche Meeresenge zu erreichen ist. Auf der Insel befinden sich nur wenige Häuser – kein Pub, keine Geschäfte und keine Übernachtungsmöglichkeit. Lediglich Möwengeschrei und das Donnern der Wellen an den hohen Klippen begleiten den Wanderer, der beim Spaziergang um die Insel mit traumhaften Panoramen belohnt wird.

Der Ring of Beara ist zwar weniger bekannt als der Ring of Kerry, aber nicht minder reizvoll. Das Innere der Halbinsel wird von Gebirgszügen und kleinen Seen geprägt – wie am Healy-Pass mit dem Glenmore Lake oder bei Lauragh (unten rechts).

Das kleine, an der Küste gelegene Eyeries gilt als das bunteste Dorf Irlands. Wie aus dem Farbkasten erscheinen die Häuserzeilen (selbst die Kirche ist auffallend gelb) dieses beschaulichen Ortes, der touristisch noch wenig erschlossen ist.

Ring of Beara

Die schmale Straße rund um die felsige Halbinsel Beara bietet auf einer Länge von 140 Kilometern schöne Blicke auf Berge und Meer, bei klarem Wetter bis zur Grafschaft Kerry. Beara war das Stammgebiet der O'Sullivans, Herren der Burg Dunboys nahe Castletownbere. Als englische Truppen 1601 die Burg einnahmen, traten 1000 Clan-Mitglieder einen Marsch durch Irland zur entfernten Grafschaft Leitrim an, die allerdings nur 35 von ihnen erreichten. Weitere Emigrationswellen reduzierten die Bevölkerung, und Beara ist noch heute eine dünn besiedelte Landschaft ohne größere Städte. An einer Bucht bei Castletownbere erinnert die Ruine des viktorianischen Puxley Mansion an die einstigen Kupferminen von Beara. Diesen Wohnsitz einer verhassten Familie von Bergwerkbesitzern brannte die Irisch Republikanische Armee in den 1920er-Jahren nieder.

Die Küstenlandschaft der Halbinsel Beara beeindruckt durch ihre wilde Schönheit: hoch aufragende Berge über blauen Meeresbuchten, dazwischen grünes Weideland und hübsche, kleine Fischerdörfer – Blick auf die Ballydonegan Bay bei Allihies.

Entlang der Küste der Halbinsel findet man sie noch, die traditionellen Cottages. Sie haben sich über die Jahrhunderte kaum verändert: rechteckiger Grundriss, ein Stockwerk und ein Dach aus Stroh. Viele sind heute als Ferienhäuser eingerichtet.

Küste der Halbinsel Beara

In geschützter Lage an der Südseite von Beara liegt Glengarriff, ein wegen seines milden Klimas bereits in viktorianischer Zeit geschätzter Badeort. Den milden Winter nutzte vor hundert Jahren der Besitzer von Garinish Island, um eine unwirtliche, steinige Fläche in einen üppigen Garten zu verwandeln. Er musste ganze Schiffsladungen von Humus importieren, um auf der Insel das farbenprächtige Paradies zu gestalten, in dem heute von April bis August südländische Pflanzen blühen. Die bei ruhiger See idyllische Seite dieser Küste kann trügen, denn die Riffe und Strömungen um die Beara-Halbinsel sind über Jahrhunderte zahlreichen Schiffen zum Verhängnis geworden. Hier liegen die Wracks von englischen und spanischen Kriegsschiffen, von Handelsschiffen aus Amerika und Europa sowie von den Booten einheimischer Fischer und Schmuggler.

Alle fünf Sekunden ein weißer Blitz: So warnt der 54 Meter hohe Leuchtturm auf dem 20 Kilometer vor der irischen Südwestküste gelegenen Fastnet Rock die Skipper. Weil er das Letzte war, das irische Auswanderer auf dem Weg nach Amerika von ihrem Land sahen, nennt man ihn auch »Träne Irlands«. Bei der Langstreckenregatta Fastnet Race bedeutet er einen Wendepunkt. Der kann entscheidend sein – wenn man ihn dennerreicht.

FASTNET RACE

Zuerst ist es ein Traum: die Teilnahme an einer der legendärsten Regatten der Welt. Ein Traum, der sich schnell zum Alptraum entwickeln kann: Extreme Tidenströme und schwer vorhersehbare Wetterlagen machen das vom Royal Ocean Racing Club (RORC) ausgetragene Fastnet Race zum Härtetest im Hochseesegeln; zu einer Herausforderung, bei der selbst die erfahrensten Skipper an ihre Grenzen gehen müssen. Unvergessen ist die Katastrophe im Jahr 1979, als das Teilnehmerfeld in den schlimmsten Orkan in der Geschichte der Regatta geriet. Von 303 Yachten kamen 105 ins Ziel, viele kenterten, 15 Menschen starben in den mörderischen Wellenbergen. Bei der Premiere im Jahr 1925 waren sieben Yachten an den Start gegangen, von denen nach mehr als sechs Tagen vier das Ziel erreichten. Bis 1931 fand die 608 Seemeilen lange Regatta jährlich statt, seitdem wird sie im Zweijahresturnus ausgetragen. 1957 bis 1999 fungierte sie als Abschlussrennen des Admiral's Cup, 2007 wurde die Teilnehmerzahl auf 300 Yachten begrenzt. Von der südenglischen Isle of Wight führt die Regatta zum Fastnet Rock vor der irischen Südwestküste und zurück nach Plymouth in der englischen Grafschaft Devon: eine faszinierende Herausforderung, ein grandioses Abenteuer, ein Traum. Und manchmal auch ein Alptraum.

Das Meer fasziniert durch seine unendlich vielen Gesichter: von sanften Sandstränden bis zu schroffen Felsen, hier an der Barley Cove Beach. Noch spektakulärer die Lage des Leuchtturms am Fastnet Rock.

Die White-Familie lebte bereits in Bantry House, als sie im Jahr 1798 eine geplante französische Invasion an die englische Regierung verriet und für ihre Treue zur Krone den Adelstitel erhielt.

Bantry Bay und Mizen Head

Die Grafen von Bantry besitzen noch heute einen Herrensitz voller Schätze, doch der traumhafte Blick von ihrem Schloss auf die Bantry Bay ist vielleicht ihr größter Reichtum. Viele der kostbaren Möbel und Kunstschätze sammelte der zweite Graf auf seinen Europa-Reisen im 19. Jahrhundert. Südlich von Bantry Bay erstrecken sich zwei vom Tourismus noch relativ unberührte Landzungen gegen Westen. Sheep's Head, die nördliche dieser beiden Halbinseln, ist beinahe unbewohnt. Mizen Head wird öfter aufgesucht, vor allem wegen zwei Attraktionen an der westlichen Spitze. Barley Cove hat einen wunderschönen Sandstrand mit geschützten Bereichen für den sicheren Badespaß und mit tosenden Wellen, die das Surferherz erfreuen. Der 1910 erbaute Leuchtturm von Mizen Head, häufiges Ziel von Strandspaziergängen, ist mittlerweile nicht mehr bemannt.

Bis heute wird die Stadt vom River Lee geprägt, der mit seinen beiden Seitenarmen die Innenstadt (unten links: Oliver Plunkett Street) umfließt. An den von Kalksteinmauern gesäumten Kais kann man gut flanieren (unten rechts, von oben: St. Mary's Dominican Church, St. Patrick's Bridge, City Hall).

Westlich von Cork wird die Küste zunehmend rau und wild, dazwischen finden sich nette kleine Fischerorte. Einsamkeit und traumhafte Ausblicke bieten Klippenwanderungen zu den Leuchttürmen und Dolmen von Mizen Head an der Südwestspitze Irlands und auf der Halbinsel Sheep's Head.

Cork

Corkonians, so werden die Bewohner der zweitgrößten Stadt der irischen Republik genannt, betrachteten ihre Heimat als bedeutendste Metropole der Insel – schon lange, bevor sie zur europäischen Kulturhauptstadt 2005 gekürt wurde. Umringt von grünen Hügeln liegt Cork an der Mündung des River Lee und besitzt einen der größten natürlichen Häfen der Welt. In den letzten Jahren wurde die Stadt herausgeputzt und bietet eine fröhliche Szene mit der neu gestalteten Patrick Street. Straßencafés und modische Geschäfte beleben die Fußgängerzonen. Altmodischer geht es in der Halle des 1842 erbauten English Market zu, wo frische Meeresfrüchte auf Käufer warten. Vom Lebensmittelhandel wurde Cork im 18. Jahrhundert reich, vor allem vom Export irischer Butter. Davon zeugen heute noch im Stadtteil Shandon die Butterbörse und das Butter-Museum.

Im Jahr 1915 war der Old Head of Kinsale Schauplatz einer der größten Katastrophen der Schifffahrtgeschichte, als ein deutsches U-Boot den Ozeandampfer Lusitania versenkte. Stummer Zeuge dieses Dramas war der Leuchtturm von Kinsale.

Sanft gerundet ist die Bucht, an der Kinsale liegt, ein gut besuchter und angenehmer Ferienort. Am Naturhafen können Boote für Angel-Exkursionen oder Yachten gechartet werden. In Kinsale wurde um 1690 die irische Piratin Anne Bonny geboren.

Küste bei Kinsale

Das Meer prägt Geschichte und Gegenwart der hübschen Hafenstadt Kinsale an der Südküste. Wassersportler und Gourmets beleben den Ort im Sommer, denn die Küste ist nicht nur attraktiv für Segler, sondern auch für Fischer, deren Fang in guten Restaurants auf den Tisch kommt. Die Schlacht von Kinsale 1601 war ein entscheidender Sieg der englischen Krone über die gälische Aristokratie. Im 17. Jahrhundert befestigten Könige der Stuart-Dynastie den Hafen von Kinsale mit zwei nach ihnen benannten Forts: dem als Ruine erhaltenen James Fort südwestlich der Stadt und dem Charles Fort auf der anderen Hafenseite. Südlich von Kinsale bildet eine Abfolge von Landzungen und Buchten an der Seven Heads-Halbinsel bei Timoleague eine reizvolle Küstenlandschaft, deren sanfter Charme im Gegensatz zur rauen Schönheit der westirischen Küste steht.

Lismore Castle, eine ehemalige Burg aus dem 12. Jahrhundert, wurde im 19. Jahrhundert in ein neogotisches Märchenschloss verwandelt. Heute wird es an zahlungskräftige Gäste vermietet.

Der kleine Ort Lismore mit dem dazugehörigen Limsore Castle liegt in der Nähe der irischen Südküste am River Blackwater und am Fuße der Knockmealdown Mountains.

Lismore Castle

Lismore ist ein kleiner Ort mit einer großen Vergangenheit. Das vom heiligen Carthage im 7. Jahrhundert gegründete Kloster entwickelte sich zu einem bedeutenden Zentrum der Gelehrsamkeit, obwohl die Siedlung unter häufigen Überfällen durch Wikinger und später Normannen litt. Im 16. Jahrhundert wurde die Kathedrale von englischen Soldaten fast völlig zerstört. Die ab 1633 neu errichtete Domkirche erinnert noch an den Glanz vergangener Tage. Auch das über dem Tal des River Blackmore thronende Lismore Castle blickt auf mittelalterliche Vorgängerbauten zurück. Auf den Grundmauern einer 700 Jahre älteren Wehranlage entstand im 19. Jahrhundert dieser Herrensitz im Tudor-Stil. Auftraggeber waren die Herzöge von Devonshire, die immer noch zum reichen englischen Hochadel gehören. Der schöne Schlosspark ist für die Öffentlichkeit zugänglich.

In Ardmore steht einer der schönsten Rundtürme Irlands: Mit 30 Metern Höhe ist der sechsstöckige Turm aus dem 12. Jahrhundert weithin sichtbar. Die angrenzende Kathedrale weist schöne Reliefs auf: Sie zeigen Adam und Eva, Salomons Urteil sowie die Anbetung der Könige.

Aus der Zeit der normannischen Besiedlung im 12. Jahrhundert sind weitere Befestigungsanlagen erhalten, wie dieser Wachturm in der Nähe von Ardmore. Diese Türme wurden auf der Spitze eines Erdhügels errichtet, unten befand sich dagegen der Hof für die Soldaten.

Ardmore

Im schmucken Ferienort Ardmore, das auf der Landspitze zwischen Ardmore Bay und Youghal Bay liegt und über einen ausgedehnten Sandstrand verfügt, dreht sich alles um den heiligen Declan, der im frühen 5. Jahrhundert ein Kloster mit Blick auf Ardmore Bay gründete. Auf einem Hügel am Dorfrand entspringt neben drei alten Steinkreuzen eine nach dem Heiligen benannte Quelle, an der sich Pilger früher erfrischten. Moderne Pilger wandern auf dem 90 Kilometer langen St. Declan's Way, der Ardmore mit der heiligen Stätte Rock of Cashel verbindet. An der Stelle von Declans einstigem Kloster befinden sich ein Rundturm und eine Kathedrale aus dem 12. Jahrhundert. Der herrliche romanische Figurenschmuck mit Szenen aus dem Alten Testament an der Westfassade ist erhalten geblieben, während die Kirche selber kein Dach mehr besitzt.

Waterford ist die Hauptstadt der gleichnamigen Grafschaft und gehört nicht zuletzt dank seines florierenden Hafens und der hier angesiedelten Industrie zu den wirtschaftlich gut gestellten Regionen Irlands.

Am südlichen Ende von Waterford Harbour liegt das hübsche, am Hang gelegene Dunmore East. Auf dem Wasserweg passiert man den Leuchtturm von Ballynacourty, bevor man Waterford erreicht.

Waterford

Der günstigen Lage und dem geschützten Hafen am River Suir ist es zu verdanken, dass Waterford seit tausend Jahren ein wichtiger Handelsplatz ist. Bauten aus der Blütezeit der Stadt im 18. Jahrhundert, wie das Rathaus und die Kathedrale, schmücken die Stadtmitte, aber auch Zeugnisse des Mittelalters fehlen nicht. Waterford war als bedeutender Stützpunkt der Wikinger gut befestigt, erlag aber 1170 den Angriffen des Grafen von Pembroke und war fortan eine königstreue Hochburg der Anglonormannen. Zu den Befestigungen aus dieser Zeit gehört der starke Reginald's Tower am Flussufer. Weltberühmt ist die Stadt für die Glasmanufaktur Waterford Crystal. Von der hohen Qualität der mundgeblasenen Produkte kann man sich bei einer Führung überzeugen. Preziosen aus Glas und andere Kunstschätze zeigt in einem alten Getreidespeicher das Museum Waterford Treasures.

Irland besitzt eine große Zahl an prähistorischen Zeugnissen. Eine Grabform in der Jungsteinzeit waren Dolmen, die aus Trag- und Decksteinen eine Grabkammer bildeten und mit Erde bedeckt waren.

ATLAS

Irland, irisch Éire, englisch Ireland, ist eine der Britischen Inseln im Atlantik und besitzt eine Fläche von 84 405 Quadratkilometern. Das flachwellige, von Mooren und Seen durchsetzte zentrale Tiefland wird von stark abgetragenen Mittelgebirgen umgeben. Nur an der Ostküste reicht das Tiefland bis an die Irische See. Kühle Sommer, milde Winter und hohe Niederschläge im Westen prägen das Klima. 5,1 Millionen Menschen leben auf der Insel, die politisch geteilt ist, in die Republik Irland und in Nordirland, das zu Großbritannien gehört.

Der Fischfang spielt in Irlands Wirtschaft noch immer eine wichtige Rolle: Im Meer werden unter anderem Hering, Kabeljau und Krustentiere gefischt, in den Binnengewässern Lachs und Forelle.

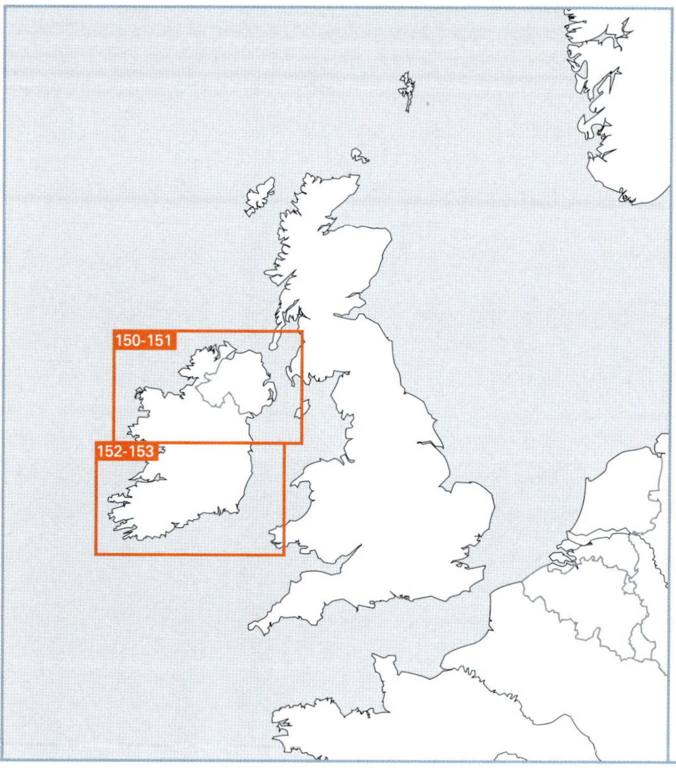

ZEICHENERKLÄRUNG ZU DEN KARTEN 1 : 950 000

- Autobahn (im Bau)
- Gebührenpflichtige Autobahn
- Vier- oder mehrspurige Straße (im Bau)
- Fernstraße (im Bau)
- Wichtige Hauptstraße (im Bau)
- Hauptstraße
- Nebenstraße
- Eisenbahn
- Sperrgebiet
- National- und Naturpark
- 4 2 A22 Autobahnnummer
- E54 Europastraßennummer
- 34 28 N22 66 Andere Straßennummer
- 22 Autobahnanschlussnummer
- Anschlussstelle
- Für Wohnwagen nicht geeignet/verboten
- Autobahntankstelle/-rasthaus
- Autobahnrasthaus mit Motel
- Wichtiger Flughafen
- Flughafen
- Flugplatz
- Autofähre

LEGENDE

Die Karten auf den folgenden Seiten zeigen die Insel Irland im Maßstab 1:950 000. Die geografischen Details werden dabei durch eine Vielzahl touristischer Informationen ergänzt. Zum einen durch das ausführlich dargestellte Verkehrsnetz, zum anderen durch Piktogramme, die Lage und Art aller wichtigen Sehenswürdigkeiten und Freizeitziele bezeichnen. Touristisch interessante Städte sind durch eine gelb hinterlegte Bezeichnung hervorgehoben. Auch die von der UNESCO zum Welterbe gezählten Monumente sind besonders gekennzeichnet.

PIKTOGRAMME

Berühmte Reiserouten

- Autoroute
- Bahnstrecke
- Schiffsroute

Naturlandschaften und Naturmonumente

- UNESCO-Weltnaturerbe
- Gebirgslandschaft
- Schlucht/Canyon
- Höhle
- Wasserfall/Stromschnelle
- Seenlandschaft
- Nationalpark (Landschaft)
- Nationalpark (Fauna)
- Nationalpark (Flora)
- Nationalpark (Kultur)
- Botanischer Garten
- Wildreservat
- Whale watching
- Zoo
- Küstenlandschaft
- Strand
- Insel

Kulturmonumente und Kulturveranstaltungen

- UNESCO-Weltkulturerbe
- Außergewöhnliche Metropole
- Vor- und Frühgeschichte
- Christliche Kulturstätte
- Romanische Kirche
- Gotische Kirche
- Christliches Kloster
- Historisches Stadtbild
- Burg/Festung/Wehranlage
- Burgruine
- Palast/Schloss
- Technisches/industrielles Monument
- Museum
- Spiegel-/Weltraumteleskop
- Feste und Festivals
- Markt
- Kriegsschauplatz/Schlachtfeld
- Freilichtmuseum
- Sehenswerter Leuchtturm
- Herausragende Brücke
- Windmühle

Bedeutende Sport- und Freizeitziele

- Golf
- Pferdesport
- Segeln
- Tauchen
- Kanu/Rafting
- Windsurfen
- Wellenreiten
- Seehafen
- Hochseeangeln
- Mineralbad/Therme
- Badeort
- Freizeitpark
- Bergbahn

Maßstab 1:950 000

0 10 20 Kilometer

Berühmte Reiserouten

- Autoroute
- Bahnstrecke
- Schiffsroute

Herausragende Naturlandschaften und -monumente

- UNESCO-Weltnaturerbe
- Gebirgslandschaft
- Höhle
- Seenlandschaft
- Naturpark
- Nationalpark (Landschaft)
- Nationalpark (Flora)
- Botanischer Garten
- Küstenlandschaft
- Strand
- Insel

ausragende Metropolen, Kulturmonumente und -veranstaltungen

- UNESCO-Weltkulturerbe
- Vor- und Frühgeschichte
- Christliche Kulturstätte
- Romanische Kirche
- Gotische Kirche
- Christliches Kloster
- Historisches Stadtbild
- Burg/Festung/Wehranlage
- Burgruine
- Palast/Schloss
- Technisches/industr. Monument
- Sehenswerter Leuchtturm
- Windmühle
- Kriegsschauplatz/Schlachtfelder
- Feste und Festivals
- Museum

Sport- und Freizeitziele

- Golf
- Pferdesport
- Segeln
- Tauchen

Maßstab 1:950 000

0 10 20 Kilometer

Berühmte Reiserouten

- Autoroute
- Bahnstrecke
- Schiffsroute

Herausragende Naturlandschaften und -monumente

- UNESCO-Weltnaturerbe
- Gebirgslandschaft
- Schlucht/Canyon
- Höhle
- Wasserfall/Stromschnelle
- Naturpark
- Nationalpark (Landschaft)
- Nationalpark (Flora)
- Nationalpark (Fauna)
- Nationalpark (Kultur)
- Whale watching
- Zoo/Safaripark
- Botanischer Garten
- Küstenlandschaft
- Strand
- Insel

rausragende Metropolen, Kulturmonumente und -veranstaltungen

UNESCO-Weltkulturerbe
Vor- und Frühgeschichte
Christliche Kulturstätte
Romanische Kirche
Gotische Kirche
Christliches Kloster
Historisches Stadtbild
Burg/Festung/Wehranlage
Burgruine
Palast/Schloss
Technisches/industr. Monument
Sehenswerter Leuchtturm
Feste und Festivals
Museum
Freilichtmuseum
Theater

Sport- und Freizeitziele

Golf
Segeln
Wellenreiten
Seehafen

Die Registereinträge beziehen sich auf den Bildteil und auf die Karten. Nach dem Stichwort folgt, entsprechend dem Karteneintrag, ein Piktogramm (Erklärung Seite 149), das auf die Art der Sehenswürdigkeit verweist. Seitenzahl und Suchfeldangabe für den Kartenteil sind fett gedruckt. Danach folgt die Seitenzahl für den Bildteil, und zuletzt werden Internet-Adressen angegeben, die einen raschen Zugriff auf weitere aktuelle Informationen über die in diesem Werk beschriebenen Orte und Sehenswürdigkeiten ermöglichen. Die meisten Einträge auf den Bildseiten sind auch im Kartenteil zu finden, der darüber hinaus eine Fülle weiterer touristischer Hinweise bietet.

Von links nach rechts: die Steinkreuze von Clonmacnoise; Landschaft in Connemara; Blick auf das nächtliche Dublin; die Ruinen von Dunluce Castle.

Castle Ward	151	Db18		www.nationaltrust.org.uk
				www.fjiordlands.org/strngfrd/cward.htm
Castlebar	150	Bc19		www.mayo-ireland.ie/Mayo/Towns/CasBar/CasBar.htm
				www.life-spa.com/lspa/www/index.asp
				www.castlebar.ie
Castletown House	153	Cd21		www.irish-architecture.com/castletown
				http://kildare.ie
Cathair Saidhbhin	152	Ba25		www.cahersiveen.com
Céide Fields	150	Bc17		www.museumsofmayo.com/ceide.htm
				www.heritageireland.ie
Charles Fort	152	Bd26		www.kinsale.ie/kinshist.htm
				www.cork-guide.ie/charles.htm
				www.12travel.com/ie/attractions/charlesfort.html
Charleville Castle	153	Cb21		www.charlevillecastle.com
Cill Airne	152	Bb25		www.killarney.ie
				www.killarneyonline.ie
				www.killarney-insight.com
Cill Chainnigh	153	Cb23		www.kilkenny.ie
				www.kilkennycoco.ie
				www.historic.irishcastles.com/kilkenny.htm
Cill Chaoi	152	Bb23		www.shannonregiontourism.ie
				www.12travel.ie/ie/Shannon/Kilkee.html
Cill Rois	152	Bb23		www.kilrush.ie
				www.kilrushcreekmarina.ie
Cionn tSáile	152	Bd26		www.kinsale.ie
				www.portkinsale.com
Clare			106	www.county-clare.com
Clare Abbey	152	Bc22		http://clare.goireland.com
Clare Island	150	Bb19		www.anu.ie/clareisland/welcome.htm
				www.mayo-ireland.ie/Mayo/Towns/clareisland/clareisland.htm
Classiebawn Castle	150	Ca17		www.sligozone.net/Mullaghmore.htm
Clear Island	152	Bb26		www.oilean-chleire.ie
Clew Bay	150	Bb19	52	www.museumsofmayo.com/clewbay.htm
Clifden Castle	150	Bb20	60	www.all-ireland.com/attractions/c/clifden-castle.htm
Cliffs of Moher	152	Bb22	104	www.burrenpage.com/CliffsofMoher.html
				www.ireland-west.com/cliffsofmoher.html
Cloich na Coillte	152	Bc26		www.clonakilty.ie
				www.clon.ie
				www.cork-guide.ie/clonakilty/clonakilty.htm
Clonakenny	153	Ca22		www.clonakilty.ie
				www.clon.ie
				www.cork-guide.ie/clonakilty/clonakilty.htm
Clonalis House	150	Bd19		www.clonalis.com
				www.hidden-ireland.com/clonalis.html
Clonca Cross	151	Cc15		www.megalithomania.com/show/site/1227
Clonfert Cathedral	152	Ca21		www.lawrencetown.com/clonfert.htm
Clonmacnoise	153	Ca21	92	www.moytura.com/clonmacnoise.htm
				www.heritageireland.ie
Clonmany	151	Cc15		www.clonmany.com
Clonmel	153	Ca24		www.clonmel.ie
				www.visitclonmel.com
				www.clonmel.info
Cluain Meala	152	Ca24		www.clonmel.ie
				www.visitclonmel.com
				www.clonmel.info
Cobh	152	Bd26		www.cobhheritage.com
Cong	150	Bc20		www.cong-ireland.com/home.htm
Conga	150	Bc20		www.cong-ireland.com/home.htm
Connacht			42	www.tourismireland.com
Connemara	150	Bb20	58	www.connemara-tourism.org
Connemara N. P.	150	Bb20	56	www.duchas.ie/en/NaturalHeritage
				http://homepage.tinet.ie/~knp/connemara/index.htm
Corcaigh	152	Bd26		www.corkcorp.ie
				www.cork-guide.ie
				www.corkracecourse.ie
Cork	152	Bd26	136	www.corkcorp.ie
				www.cork-guide.ie
Cormac's Chapel			112	www.tipp.ie/cashelsi.htm
				www.heritagetowns.com/cashel.html
County Museum	151	Cd19		www.dundalktown.ie/dundalktown/museo1.htm
Crag Cave	152	Bb24		www.cragcave.com
				www.showcaves.com/english/ie/showcaves/Crag.html
Craggaunowen Project	152	Bd22		www.shannonheritage.com/Craggaunowen_Day.htm
				www.stonepages.com/ireland/craggaunowen.html
Creevykeel	150	Ca17		www.stonepages.com/ireland/creevykeel.html
				http://irishmegaliths.megalithomania.com/zCreevykeel.htm
				http://indigo.ie/~jdem/Creevykeel%20home.htm
Croagh Patrick	150	Bb19		www.croagh-patrick.com
Crookhaven	152	Ba26		www.crookhaven.ie/index.html
Croom Mills	152	Bd23		www.croommills.ie/index.asp
				www.shannonregiontourism.ie/detail.asp?memberID=13153
Culzean Castle	151	Dc15		www.culzeancastle.net
Curragh Chase Forest Park	152	Bc23		www.coillte.ie
Curragh Racetrack	153	Cc22		www.curragh.ie
Cushendall	151	Da15		www.northantrim.com/cushendall.htm
				www.antrim.net/cushendall
Cushendun	151	Da15		www.northantrim.com/cushendun.htm
				www.antrim.net/cushendun

Davagh Forest Park	151	Cd17		www.forestserviceni.gov.uk
Derry = Londonderry	151	Cc16		www.derryvisitor.com
Derrynane National Historic Park	152	Ba26	119	www.caherdanielonline.com
				www.12travel.co.uk/ie/attractions/derrynanehouse.html
Devenish Island	151	Cb17	36	www.enniskillen.com/devenish_island.htm
				www.emeraldtiger.com/countys/fermanagh/devenish.htm
Dinas Head	153	Db26		www.britainexpress.com/countryside/coast/dinas.htm
				www.westcountryviews.co.uk/coastal/dinas/dinas.htm
Dingle	152	Ba24	114	www.dingle-peninsula.ie/activities4.html
				www.emeraldtiger.com/countys/kerry/fungie.htm
Doe Castle			10	www.dun-na-ngall.com/doe.html
Donadea Forest Park	153	Cc21		www.coillte.ie/tourism_and_recreation/donadea.htm
Donegal	150	Ca16	10 ff.	www.donegal.ie
				www.donegaltown.ie/Our_Towns.aspx
Donegal Castle	150	Ca16		www.ireland-now.com/castles/donegal.html
				www.heritageireland.ie
Doolin	152	Bc22	105	www.doolin-tourism.com
Down Cathedral	151	Da18		www.downcathedral.org
				www.visitdownpatrick.com/downcathedral.htm
Downpatrick	151	Da18		www.visitdownpatrick.com
Downpatrick Head	150	Bc17		www.castlebar.ie/clubs/mayo-birdwatch/galleries/downpatrick
				www.crossmolina.ie/images_pages/downpatrick.htm
				www.castlebar.ie/photos/the-west/downpatrick-head/glry
Drogheda	151	Cd20		www.drogheda-tourism.com
				www.solo.ie/samba
Droichead Átha	151	Cd20		www.drogheda-tourism.com
				www.solo.ie/samba
Drombeg Circle	152	Bc26		www.stonepages.com/ireland/drombeg.html
				http://easyweb.easynet.co.uk/~aburnham/ireland/drombeg.htm
Drum Manor Forest Park	151	Cd17		www.forestserviceni.gov.uk
Dublin	153	Cd21	70 ff.	www.visitdublin.com
				www.dublincity.ie
				www.leopardstown.com
Dun Aengus Fort	152	Bb21		www.irish-society.org
				www.shee-eire.com
Dun An Rí Forest Park	151	Cc19		www.coillte.ie/tourism_and_recreation/dunanri.htm
Dún Fearbha/Dún Moher			66	www.12travel.de/ie/West/Inishmaan.html
Dun Laoghaire	153	Cd21	86	www.dun-laoghaire.com
				www.visitdublin.com/dunlaoghaire
Dun na nGall	150	Ca16		www.donegal.ie
				www.donegaltown.ie/Our_Towns.aspx
Dunbay Castle	152	Ba26		www.castletown.com/dunboycs.htm
				www.bearatourism.com/visitor/castle.html
Dunbeg Fort	152	Ad24		http://indigo.ie/~jdem/Dunbeg%20Kerry.htm
				http://home.comcast.net/~hories/Ireland/Dingle/Dingle.html
Dunbrody Abbey	153	Cc25		www.dunbrodyabbey.com
Dundrum Castle	151	Da18	40	www.ehsni.gov.uk/places/monuments/dundrum.shtml
				www.pdevlinz.btinternet.co.uk/dundrumcastle.htm
Dunguaire Castle	152	Bc21		www.kinvara.com/dunc.html
				www.gardensireland.com/dunguaire-castle.html
				www.shannonheritage.com/Dunguaire_Ban.htm
Dunluce Castle	151	Cd15	24	www.northantrim.com/dunlucecastle.htm
				www.emeraldtiger.com/countys/antrim/dunluce.htm
Dunmore Cave	153	Cb23		www.heritageireland.ie
				www.12travel.ie/ie/South_East/attractions/dunmore_cave.html
Dunmore East	153	Cc25		www.waterford-dunmore.com
Dunsany Castle	151	Cd20		www.dunsany.net/castle1.htm
Emo Court	153	Cb22		www.heritageireland.ie/en/HistoricSites/East/EmoCourtLaois
				www.irelandseye.com
				www.laois.ie/heritagetrail/emo.html
Ennis	152	Bc22		www.ennis.ie/cgi-bin/eiat.cgi
Ennis Friary	152	Bc22		www.heritageireland.ie/en/HistoricSites/South/EnnisFriaryClare
				www.shannonregiontourism.ie/detail.asp?memberID=12196
Enniskerry	153	Cd22		www.enniskerry.ie
				www.irish-architecture.com
Enniskillen	151	Cb18		www.enniskillen.com
Enniskillen Castle	151	Cb18		www.enniskillencastle.co.uk
				www.enniskillen.com/enniskillen_castle.html
Eochaill	152	Ca26		www.youghal.ie
				www.cork-guide.ie/youghal.htm
Errew Abbey	150	Bc18		www.crossmolina.ie/errew.htm
				http://mayo.goireland.com
Fairyhouse Racetrack	153	Cd21		www.fairyhouseracecourse.ie
Fanad	151	Cb15	12	http://jlpourroy.com/fanad
Fanad Head	151	Cb15	12	www.ramelton.net/Trips/Fanad.htm
				www.lanternroom.com/lighthouses/ireland/ireld49.htm
Fanore	152	Bc21		www.fanorecottages.com/about.html
				www.wannasurf.com/spot/Europe/Ireland/West/fanore
Farran Forest Park	152	Bc26		www.coillte.ie/tourism_and_recreation/farran.htm
Fishguard	153	Db26		www.visitpembrokeshire.com/TIC/fishguard.asp
				www.visitpembrokeshire.com
Florence Court Forest Park	151	Cb18		www.forestserviceni.gov.uk
Florence Court House	150	Cb18		www.nationaltrust.org.uk
				www.enniskillen.com/florencecourthouse.html

Folk Village Museum	150	Bd16		www.northwestireland.travel.ie/detail.asp?memberID=500 www.infowing.ie/donegal/Ad/Fr.htm
Fort Dunree	151	Cc15		www.dunree.pro.ie www.irelandnorthwest.ie/detail.asp?memberID=502
Fota Wildlife Park	152	Bd26		www.fotawildlife.ie www.cork-guide.ie/fota.htm
Fourknocks	151	Cd20		www.knowth.com/fourknocks.htm www.mythicalireland.com/ancientsites/fourknocks
Gallarus Oratory	152	Ad24		www.irland-history.de/Monumente/Gallarus%20Oratory.html
Galley Head Lighthouse	152	Bc26		http://cil2.adnet.ie/index.php3?LighthouseID=27 www.lanternroom.com/lighthouses/ireland/ireld37a.htm
Galway	152	Bc21	64	www.galway.ie
Garnish Bay			126	www.invectis.co.uk/cork/garnish.htm
Garnish Island	152	Bb26		www.cork-guide.ie/garnish.htm
Giant's Causeway	151	Cd15	28	www.nationaltrust.org.uk www.interknowledge.com/northern-ireland/ukiant01.htm
Girvan	151	Dc15		www.girvanvisitorcentre.co.uk www.girvan-online.net
Glenariff Forest Park	151	Da16		www.forestserviceni.gov.uk/our_forests/glenariff/glenariff.htm
Glenarm Castle	151	Da16		www.glenarmcastle.com
Glencolumbkille	150	Bd16	18	www.ramelton.net/Trips/Glencolumbkille.htm
Glendalough	153	Cd22	90	www.glendalough.connect.ie www.wicklow.com/glendalough
Glengarriff	152	Bb26	131	www.cork-guide.ie/glengarr.htm
Glengesh Pass	150	Ca16		www.irelandnorthwest.ie/detail.asp?memberID=10844
Glenluce Abbey	151	Dc16		www.historic-scotland.gov.uk www.undiscoveredscotland.co.uk/glenluce/glenluceabbey
Glens of Antrim	151	Da15		www.ireland-holidays.net
Glenveagh N.P.	150	Cb15	15	http://homepage.tinet.ie/~knp/glenveagh/index.htm www.dun-na-ngall.com/glenv.html
Glin Castle	152	Bb23		www.glincastle.com www.tourismresources.ie/cht/glin.htm
Goatfell	151	Dc14		www.nts.org.uk
Gortin Glen Forest Park	151	Cc17		www.forestserviceni.gov.uk/
Gougane Barra Forest Park	152	Bb26		www.gouganebarra.com/ www.corkkerry.ie/detail.asp?memberID=5956
Gowran Park	153	Cc23		www.horseracingireland.ie
Greencastle	151	Da19		www.greencastle-countydown-northernireland.co.uk/
Grey Abbey	151	Db17		www.ehsni.gov.uk/places/monuments/greyabbey.shtml www.greyabbey.com/abbey.htm
Grianan of Aileach	151	Cc15	20	www.stonepages.com/ireland/grianan.html www.inishowengroup.com/t1_Griananofaileach2.htm
Gunpowder Mills	152	Bd26		http://indigo.ie/~ballinco www.cork-guide.ie/attractions/gunpmill.htm
Hag's Head/Cliffs of Moher	152	Bb22	105	www.burrenpage.com/CliffsofMoher.html www.ireland-west.com/cliffsofmoher.html
Harry Avery's Castle	151	Cc16		http://cloghmore.bravepages.com/tyrone/harryavery.html www.irelandseye.com
Healy Pass	152	Ba26		http://sunset.ennis.ie/article.php3?id_article=146
High Crosses	152	Bc22		www.historic.irishcastles.com/ireland/kilfenora.htm http://vaughanspub.com/kilfenora.htm
Hill of Slane	151	Cd20		www.slane.com/hillofslane.htm www.mythicalireland.com/ancientsites/slane
Hill of Tara	151	Cd20	78	www.mythicalireland.com/ancientsites/tara www.knowth.com/tara.htm
Holy Cross Abbey	153	Ca23		www.tipp.ie/holyc1.htm www.cashel-emly.ie/history/cisterc.html _1_1
Hook Lighthouse	153	Cc25		www.hooklighthouse.com
Horn Head	150	Cb15	16	www.ramelton.net/Trips/Horn.htm
Howth	153	Da21	86	www.dublintourist.com/Regional/Howth
Hunt Museum	152	Bd23		www.huntmuseum.com
Inch	152	Ba24		www.travelireland.org/kerry/inch
Inchagoill Churches	150	Bc20		http://indigo.ie/~jdem/Inchagoill%20Island.htm www.cong-ireland.com/history.htm inchagaoil
Inis	152	Bc22		www.ennis.ie/cgi-bin/eiat.cgi
Inishbofin	150	Ba19	58	www.inishbofin.com/welcome.htm www.tempoweb.com/diveireland/inisboffin.htm
Inishmaan	152	Bb21	67	www.12travel.de/ie/West/Inishmaan.html
Inishmore	151	Bb21	66	www.12travel.de/ie/West/Inishmore.html
Inishmurray	150	Bd17		www.rossespoint.com/inishmur.htm www.sligozone.net/Inishmurray%20Island.htm
Inishowen	151	Cc15	20	www.visitinishowen.com
Irish National Heritage Park	153	Cc24		www.inhp.com
Iron Man	153	Cb25		www.tramore.net
Islandmagee	151	Db16		www.islandmagee.co.uk www.antrim.net/islandmagee
Iveragh	152	Ba25	118	www.kerry-tourism.com www.irishways.com
J.F. Kennedy Arboretum	153	Cc24		www.heritageireland.ie www.southeastireland.com/detail.asp?memberID=456
Japanese Gardens	153	Cc22		www.gardensireland.com/japanese-gardens.html www.irelandseye.com
Jerpoint Abbey	153	Cb24		http://homepage.tinet.ie/~osrai/jerpoint_abbey.htm www.heritageireland.ie
Johnstown Castle	153	Cd25		www.johnstowncastle.com/ www.southeastireland.com/detail.asp?memberID=558
Kells Abbey	151	Cc20		http://indigo.ie/~jdem/High%20Cross%20Kells.htm
Kenmare	152	Bb25		www.parkkenmare.com www.kenmare.com
Kilfane Glen	153	Cb24		www.12travel.com/ie/South_East/attractions/kilfane_glen.html www.gardensireland.com/kilfane-glen.html
Kilkee	152	Bb23	106	www.shannonregiontourism.ie/detail.asp?memberID=12490 www.12travel.ie/ie/Shannon/Kilkee.html
Kilkenny	153	Cb23	94	www.kilkenny.ie www.kilkennycoco.ie
Kilkenny Castle			94	www.historic.irishcastles.com/kilkenny.htm
Kilkieran High Crosses	153	Cb24		www.historic.irishcastles.com/ireland/kilkieran.htm http://cloghmore.bravepages.com/kilkenny/kilkeeran.html
Killarney	152	Bb25	122	www.killarney.ie www.killarneyonline.ie
Killarney N.P.	152	Bb25	122	http://homepage.tinet.ie/~knp www.duchas.ie/en/NaturalHeritage
Killevy Churches	151	Cd19		http://cloghmore.bravepages.com/armagh/killevy.html www.megalithomania.com/show/site/1009
Killone Abbey	152	Bc22		http://clare.goireland.com http://killone-abbey.wikiverse.org
Killybegs	150	Ca16	18	www.ramelton.net/Trips/Killybegs.htm
Killykeen Forest Park	151	Cb19		www.coillte.ie
Kilmore Quay	153	Cc25		http://indigo.ie/~kilmoret www.sailingireland.com/kilmore1.htm
Kilrush	152	Bb23	107	www.kilrush.ie www.kilrushcreekmarina.ie
King John's Castle	152	Bd23		http://limerick.goireland.com www.all-ireland.com
Kinsale	152	Bd26	138	www.kinsale.ie www.portkinsale.com www.kyc.ie
Kirkmadrine Stones	151	Dc17		www.mull-of-galloway.co.uk www.danu.co.uk/gallery/info/stones/kirk.html
Knappogue Castle	152	Bc22		www.shannonheritage.com/Knappogue_Day.htm www.castles.org
Knockmoy Abbey	150	Bd20		www.monasette.com/blog/gallery/abbeyknockmoy
Knowth			74	www.knowth.com
Kylemore Abbey	150	Bb20	54	www.kylemoreabbey.com www.osb.org/kyle
Lagan Valley Regional Park	151	Da17		www.laganvalley.co.uk
Leamaneh Castle	152	Bc22		www.historic.irishcastles.com/leamaneh.htm www.burrenpage.com/LeamanehCastle.html www.ireland-now.com/castles/ruins/leamenah.html
Legananny Dolmen	151	Da18		www.honestitsnorthernireland.com/legananny_dolmen.htm www.bannvillehouse.co.uk/leganan.htm
Leinster			71	www.tourismireland.com/info/info-leinster.html
Leisureland Redcastle	151	Cc15		www.leisurelandredcastle.ie
Limerick	152	Bd23	110	www.limerick.ie www.shannonregiontourism.ie/limerick
Lios Mor	152	Ca25		www.lismore-ireland.com
Liscannor	152	Bc22	105	ww.tourclare.com/liscannor.html
Lisdoonvarna	152	Bc22		www.12travel.com/ie/Shannon/Lisdoonvarna.html www.lisdoonlodge.com
Lislaughtin Abbey	152	Bb23		www.ballylongford.com/lislaughtin.htm
Lismore	152	Ca25	140	www.lismore-ireland.com
Lissadell House	150	Bd17		www.lissadellhouse.com www.sligozone.net/Lissadell%20House.htm
Little Skellig	152	Ad25	116	www.dirl.com/kerry/skelligs.htm
Loch Garman	153	Cd25		www.wexfordopera.com www.wexfordtourism.com
Logan Botanic Gardens	151	Dc17		www.rbge.org.uk/rbge/web/visiting/lbg.jsp
Londonderry	151	Cc16		www.derryvisitor.com
Loop Head Lighthouse	152	Ba23		www.irishlandmark.com/restored.asp?id=13
Lough Beagh			15	www.irelandby.com/sightseeing/sightseeing_donegal.htm
Lough Corrib	150	Bc20	61	www.irelandwest.ie/detail.asp?memberID=12247 www.anglingireland.info/corrib.html
Lough Gur	152	Bd24		www.loughgur.com
Lough Hyne Interpretive Centre	152	Bb26		www.skibbheritage.com/hyne.htm
Lough Key Forest Park	150	Ca19		www.coillte.ie
Lough Navar Forest	150	Cb17		www.forestserviceni.gov.uk
Louisburgh	150	Bb19		www.louisburgh-mayo.com www.mayo-ireland.ie/Mayo/Towns/LouisB/LouisB.htm
Lower Lough Erne	150	Cb17	36	www.geographia.com/northern-ireland/ukifer01.htm www.mcnutt.de/private/erne/lle.html
Luimneach	152	Bd23		www.limerick.ie www.shannonregiontourism.ie/limerick

Von links nach rechts: Giant's Causeway; Blick auf Glen Head; die Cathedral of Our Lady in Galway; Johnstown Castle; die Seen von Killarney; Ruinen auf dem Rock of Cashel.

Saint Peter's Church	151	Cd20		www.drogheda-tourism.com
Saltee Islands	153	Cc25		http://wexford.goireland.com
Shannonbridge	153	Ca21		www.shannonbridge.net
Sherkin Island	152	Bb26		www.sherkinisland.ie
Siamsa Tire	152	Bb24		www.siamsatire.com
Skellig Michael	152	Ad25	116	www.skelligexperience.com/skellig_michael.html http://whc.unesco.org/sites/757.htm
Skerries	151	Da20		www.skerrieshomepage.f2s.com www.iol.ie/~skertour
Slea Head	152	Ad24		www.dingle-peninsula.ie
Slieve League	150	Bd16	19	www.12travel.co.uk http://donegal.goireland.com
Sligeach	150	Ca18		www.sligotourism.ie www.sligococo.ie
Sligo	150	Ca18	46	www.sligotourism.ie www.sligococo.ie
Sligo Folk Park	150	Ca18		www.sligofolkpark.com
Spiddal	152	Bc21		www.spiddal.net
St. Patrick's Cathedral/Dublin			82	www.stpatrickscathedral.ie
Staigue Fort	152	Ba25	118	www.stonepages.com/ireland/staigue.html www.sneem.net/staiguefort
Stewart Gardens/ Mount Stewart	151	Db17	39	www.nationaltrust.org.uk www.fjiordlands.org/strngfrd/mtstwart.htm
Stormont Castle	151	Da17		www.nics.gov.uk/castle/castle.htm
Strokestown House	150	Ca19		www.strokestownpark.ie
Strumble Head	153	Db26		www.abergwaun.com/places/strumble
Suir Valley Railway	153	Cb25		www.wsvrailway.ie

Swiss Cottage	152	Ca24		www.all-ireland.com/attractions/s/swisscottage.htm
Thomastown	153	Cb24		www.mountjuliet.ie www.travel-wire.com/kilkenny/thomastown/thomastown.html
Thoor Ballylee	152	Bd21		www.gortonline.com/thoorballylee/index.asp www.galwayonline.ie/history/history2/ythoor.htm www.ireland-now.com/castles/towers/thoorballylee.html
Timoleague Abbey	152	Bc26		www.timoleague.ie
Tipperary	152	Ca24		www.tipperaryraces.ie www.countytipperary.com
Tory Island	150	Ca15	11	www.toryhotel.com www.littleireland.ie/toryisland
Trá Lí	152	Bb24		www.tralee.ie www.traleehorseracing.com
Trá Mhór	153	Cb25		www.tramore.net/tramore www.waterfordtourism.org/tramore.htm www.tramore-racecourse.com
Tralee	152	Bb24		www.tralee.ie www.traleehorseracing.com www.roseoftralee.ie/comersus/store/index3.asp
Tramore	153	Cb25		www.tramore.net/tramore www.waterfordtourism.org/tramore.htm www.tramore-racecourse.com
Trim/Trim Castle	151	Cc20	78	www.trimtown.com/ www.heritagetowns.com/trim.html
Trinity College/Dublin			82	www.tcd.ie
Tullagh Bay	151	Cc15		www.clonmany.com

Von links nach rechts: Blick auf Waterford; Dunbrody Abbey; das 2000 Jahre alte Staigue Fort; Klosteranlage auf Skellig Michael; Westport House. Unten: bei Ballycrovane in Cork.

Tully Castle	150	Cb17		www.ehsni.gov.uk/education/monuments/tully.shtml www.enniskillen.com/tullycastle.html www.irelandseye.com
Tullynally Castle	151	Cb20		www.tullynallycastle.com
Turoe Stone	152	Bd21		www.mythicalireland.com/ancientsites/turoe www.irishmythology.com/Irish_Mythology_Turoe_Stone.htm
Tyrella Beach	151	Da18		www.seasideawards.org.uk http://down.goireland.com
Ulster			9	www.ulstertourism.info
Ulster American Folk Park	151	Cc17		www.folkpark.com www.omagh.gov.uk
Ulster Folk and Transport Museum	151	Da17		www.uftm.org.uk
Upper Lough Erne	151	Cb18	37	http://walks.iwai.ie/u_erne/index.shtml
Valentia Island	152	Ad25	118	http://indigo.ie/~cguiney/valentia.html www.divevalentia.ie
Valentia Observatory	152	Ba25		www.met.ie/aboutus/valentiaobservatory/default.asp www.cahersiveen.com
Waterford	153	Cb25	144	www.waterfordtourism.org www.waterfordcoco.ie/index.html www.portofwaterford.com
Waterford Treasures	153	Cb25		www.waterfordtreasures.com
Westport	150	Bc19	52	http://westport.cbn.ie/index.tmpl
Westport House	150	Bc19	53	www.westporthouse.ie www.gardensireland.com/westport-house.html
Wexford	153	Cd25	98	www.wexfordopera.com www.wexfordtourism.com www.wexford.ie
Wexford Wildfowl Reserve	153	Cd24		www.heritageireland.ie www.southeastireland.com/detail.asp?memberID=466 www.wexfordtourism.com/eco_tourism.htm
White Island			36	www.dirl.com/home.htm?de/fermanagh/index.html&3
Wicklow	153	Da23	71	www.wicklow.ie
Wicklow Head	153	Da23		www.wicklow.ie
Wicklow Head Lighthouse	153	Da23		www.irishlandmark.com/restored.asp?id=1 www.ipl.org/div/light/IRE/OldWicklowHead.html
Wicklow Mountains	153	Cd22	88	www.wicklow.ie
Wicklow Mountains N.P.	153	Cd22		www.duchas.ie/en/NaturalHeritage www.wicklow.ie
Wonderful Barn	153	Cd21		www.ireland-now.com/castles/monestaries/others.html http://kildare.ie/heritage/historic-sites/wonderful-barn.asp
Youghal	152	Ca26		www.youghal.ie www.cork-guide.ie/youghal.htm

Bildnachweis

Cover: Zielske;
S. 1: Premium, S. 2/3: Premium, S. 4/5: Slow Images/Photographer´s Choice/Corbis, S. 6/7: Schapowalow/Robert Harding, S. 8 o.: Premium, S. 8/9: Brigitte & Emanuel Gronau, Weilheim, S.10 o.: Brigitte & Emanuel Gronau, Weilheim, S.10/11: Brigitte & Emanuel Gronau, Weilheim, S. 12 o.: Guichard/Corbis, S. 12/13: Destinations/Corbis, S. 14 o.: Hubert Stadler, Fürstenfeldbruck, S. 14/15: Hubert Stadler, Fürstenfeldbruck, S. 15: Sweeney/Corbis, S. 16 o.l. und S. 16/17: Brigitte & Emanuel Gronau, Weilheim, S. 16 o. r.: Ernst Wrba, Sulzbach/Taunus, S. 16 u.: Sweeney/Corbis, S. 18 o. r.: Bean/Corbis, S. 18 o. l.: Klaus Thiele, Warburg, S. 18 M. l., l.u. und S. 18/19: Brigitte & Emanuel Gronau, Weilheim, S. 20/21: Brigitte & Emanuel Gronau, Weilheim (3), S. 22/23: Zielske/laif (2), S. 24/25: Ernst Wrba, Sulzbach/Taunus (3), S. 26 o. l.: Ernst Wrba, Sulzbach/Taunus, S. 26 o. M.: Cummins/ Corbis, S. 26 o. r.: Brigitte & Emanuel Gronau, Weilheim, S. 26 l.: Ernst Wrba, Sulzbach/Taunus S. 26/27: Das Fotoarchiv, S. 28 o.: Blake/Premium, S. 28/29: Destinations/Corbis, S. 30 o.: Alamy/Mauritius, S. 30/31: Ernst Wrba, Sulzbach/Taunus, S. 31 u.: Brigitte & Emanuel Gronau, Weilheim, S. 32 o.: Harris/IFA-Bilderteam, S. 32 u. und S. 32/33: Zielske/laif, S. 34/35: Ernst Wrba, SulzbachTaunus (2), S. 36 o.: Sweeney/Corbis, S. 36 l. und S. 36/37: Krinitz/laif, S. 38/39: Crichton/Corbis (3), S. 40 o.: Sweeney/Corbis, S. 40/41: Alamy/Mauritius, S. 42 u.: Zielske/laif, S. 42/43: Premium, S. 44 o.: Sweeney/Corbis, S. 44 u.: Zaunders/Corbis, S. 44/45: Krinitz/laif, S. 46 o.: Sweeney/Corbis, S. 46/47: Ernst Wrba, Sulzbach/Taunus, S. 48 o.: Blake/Premium, S. 48/49: Krinitz/ laif, S. 50 o.: Premium, S. 50/51: IIC/Axiom/Getty, S. 52 o.: Pompe/look, S. 52/53: Vario Images, S. 54 o.: IIC/Axiom/Getty, S. 54/55: Photographer´s Choice/Slow Images/Getty, S. 56 o.: Berthold Steinhilber/laif, S. 56/57: H. & D. Zielske, S. 58 o.: Guichard/Corbis, S. 58/59 M.: Premium, S. 58/59 u.: IFA-Bilderteam, S. 60 o.: Blake/Premium, S. 60 u. r.: Ernst Wrba, Sulzbach/Taunus, S. 60/61: Brigitte & Emanuel Gronau, Weilheim, S. 61 r.: Brigitte & Emanuel Gronau, Weilheim, S. 62 o.: Zielske/laif, S. 62 u.: IFA-Bilderteam, S. 62/63: Brigitte & Emanuel Gronau, Weilheim, S. 64 o.: Zielske/laif, S. 64/65: Alamy/Mauritius, S. 65: M, S. 66 o.: Guichard/Corbis, S. 66/67: Doug Pearson/ JAI/Corbis, S. 68/69: St. Maur Sheil/Corbis (2), S. 70 o.: Krinitz/laif, S. 70/71: Premium/P. Adams, S. 72 o.: Brigitte & Emanuel Gronau, Weilheim, S. 72/73: Klaus Thiele, Warburg, S. 73 r.: Jemolo/Corbis, S. 74 o.: Premium, S. 74 u.: Woolfitt/Corbis, S. 74/75: Cummins/Corbis, S. 75 r.: Dagli Orti/Corbis, S. 76 o.: Premium, S. 76/77: Atlantide Phototravel/Corbis, S. 78 o.: Zielske/laif, S. 78/79: Hubert Stadler, Fürstenfeldbruck, S. 80 o.: Ernst Wrba, Sulzbach/Taunus, S. 80/81 o., 80 u. und 81 u.: IFA-Bilderteam, S. 82 o.: Brigitte & Emanuel Gronau, Weilheim, S. 82/83: Ernst Wrba, Sulzbach/Taunus, S. 83 r.: Nowitz/IFA-Bilderteam, S. 84 o.li.: Martin Child/Robert Harding World Imagery/Getty, S. 84 o. re.: Zanettini/Laif, S. 84/85: Bruno Barbier/ Robert Harding World Imagery/Corbis, S. 86 o. r.: Cummins/Corbis, S. 86 l.: Krinitz/laif, S. 86/87: Krinitz/laif, S. 88 o. l: Krinitz/laif, S. 88 o. r.: Zielske/laif, S. 88/89 o.: IIC/Axiom/Getty, S. 88/89 u.: IIC/Axiom/Getty, S. 90 o.: Brigitte & Emanuel Gronau, Weilheim, S. 90 u.: Riccardo Spila/Grand Tour/Corbis, S. 90/91: Huber, S. 92 o.: IFA-Bilderteam, S. 92/93: Destinations/Corbis, S. 94/95: Ernst Wrba, Sulzbach/Taunus (3), S. 96 o. l.: Maze/Corbis, S. 96 o. r.: Souders/ Corbis, S. 96/97: Nowitz/Corbis, S. 97 r.: Souders/Corbis, S. 98 o.: IFA-Bilderteam, S. 98/99: Zaska/Corbis, S. 99: Cummins/Corbis, S. 100/101: Ernst Wrba, Sulzbach/Taunus, S. 100/101 u. : Premium, S. 102 o.1.: Corbis, S. 102 o. 2.: Corbis, S. 102 o. 3.: Ifa Bilderteam, S. 102 o. 4.: Corbis, S. 102 o. 5.: Corbis, S. 102/103: scnicireland.com/Christopher Hill Photographic/ Alamy, S. 104 o.: Premium, S. 104/105: Premium, S. 106 o.: Clevenger/Corbis, S. 106/107 o.: Nex/Corbis, S. 106/107 u.: Clevenger/Corbis, S. 108 o. l. und u. l. : Ernst Wrba, Sulzbach/Taunus, S. 108 o. r.: IFA-Bilderteam, S. 108/109: Ernst Wrba, Sulzbach/Taunus, S. 110 o. l. und r.: Ernst Wrba, Sulzbach/Taunus, S. 110/111: Clune/Corbis, S. 112 o. : Ernst Wrba, Sulzbach/Taunus, S. 112 u.: IFA-Bilderteam, S. 112/113: Ernst Wrba, Sulzbach/Taunus, S. 114 o.: Premium, S. 114 u. l.: Krinitz/laif, S. 114/115 M. und u.: Premium, S. 116 o. l.: Rowell/Corbis, S. 116 o. M.: Schafer/Premium, S. 116 o. r.: Clevenger/Corbis, S. 116 M. l.: Krinitz/laif, S. 116/117: Guichard/Corbis, S. 117 r.: Marka/Premium, S. 118 o.: Cummins/Corbis, S. 118/119: Heuer/laif, S. 119 r.: Zielske/laif, S. 120 o.: Premium, S. 120/121: Grehan/Corbis, S. 121: St. Maur Sheil/Corbis, S. 122 o.: IFA-Bilderteam, S. 122/123: H. & D. Zielske/LOOK, S. 124 o. l.: Ernst Wrba, Sulzbach/Taunus, S. 124 o. r.: St. Maur Sheil/ Corbis, S. 124/125: St. Maur Sheil/ Corbis, S. 126 o.: Premium, S. 126/127: Ernst Wrba, Sulzbach/Taunus, S. 128 o. und S. 128/129: Ernst Wrba, Sulzbach/Taunus, S. 129 u.: Zielske/laif, S. 130 o. l. und o. M.: Ernst Wrba, Sulzbach/Taunus, S. 130 o. r.: Zielske/laif, S. 130/131: IFA-Bilderteam; S. 132 o. l.: Cassidy/Premium, S. 132 o.: Carlo Borlenghi/ NewSport/Corbis, S. 132/133: Carlo Borlenghi/NewSport/Corbis, S. 133 o.: Kos Picture Source/Getty, S. 133 u.: Carlo Borlenghi/NewSport/Corbis, S. 134 o.: Karnow/Corbis, S. 134/135: Guichard/Corbis, S. 135 o.: Brigitte & Emanuel Gronau, Weilheim, S. 135 u.: Cummins/Corbis, S. 136 o.: Cummins/Corbis, S. 136/137: Cummins/Axiom/Getty, S, 137 o.: Cumins/Corbis, S. 137 M.: Image Source/Getty, S. 137 u.: David Toase/Photodisc/Getty, S. 138 o.: Harris/Corbis, S. 138/139: Cummins/Corbis, S. 139: Cummins/Corbis, S. 140 o.: Ernst Wrba, Sulzbach/Taunus, S. 140/141: Brigitte und Emanuel Gronau, Weilheim, S. 142 o.: Harris/Corbis, S. 142/143: Cummins/Corbis, S. 144 o. l, o. M., o. r. und u.: Cummins/Corbis, S. 145: Zaska/Corbis, S. 146/147: Nowitz/ Corbis, S. 148/149: IFA-Bilderteam, S. 154 o. l.: IFA-Bilderteam, S. 154 o. r.: Cummins/ Corbis, S. 155 o. l.: IFA-Bilderteam, S. 156 o. r.: Ernst Wrba, Sulzbach/Taunus, S. 156 o. l.: Zielske/laif, S. 156 o. M.: Bean/ Corbis, S. 157 o. l.: Ernst Wrba, Sulzbach/Taunus, S. 157 o. M.: IFA-Bilderteam, S. 157 o. r.: Ernst Wrba, Sulzbach/Taunus, S. 158 o. l.: Cummins/Corbis, S. 158 o. M.: Zaska/Corbis, S. 158 o. r.: Cummins/Corbis, S. 159 l.; Krinitz/laif, S. 159 o. r.: I. Pompe/look

Impressum

© 2011 Verlag Wolfgang Kunth GmbH & Co. KG, München
Königinstraße 11
80539 München
Telefon +49.89.45 80 20-0
Fax +49.89.45 80 20-21
www.kunth-verlag.de

© Kartografie: GeoGraphic Publishers GmbH & Co. KG
Geländedarstellung MHM ® Copyright © Digital Wisdom, Inc.

Text: John Sykes

Printed in Slovakia

Alle Fakten wurden nach bestem Wissen und Gewissen mit der größtmöglichen Sorgfalt recherchiert. Redaktion und Verlag können jedoch für die absolute Richtigkeit und Vollständigkeit der Angaben keine Gewähr leisten. Der Verlag ist für alle Hinweise und Verbesserungsvorschläge jederzeit dankbar.